Axel Hacke

Über die Heiterkeit in schwierigen Zeiten und die Frage, wie wichtig uns der Ernst des Lebens sein sollte

Axel Hacke

Über die Heiterkeit in schwierigen Zeiten und die Frage, wie wichtig uns der Ernst des Lebens sein sollte

DUMONT

MIX
Papier | Fördert
gute Waldnutzung
FSC® C083411
FSC
www.fsc.org

Das bei der Produktion dieses Buches entstandene CO_2 wurde durch die Finanzierung von Klimaschutzprojekten kompensiert:
climate-id.com/17531-2110-1001/de

5. Auflage 2024

Umschlaggestaltung: Lübbeke Naumann Thoben, Köln
Satz: Angelika Kudella, Köln
Gesetzt aus der Adobe Garamond Pro
Druck und Verarbeitung: CPI books GmbH, Leck
Gedruckt auf säurefreiem und chlorfrei gebleichtem Papier
Printed in Germany
ISBN 978-3-8321-6808-7

www.dumont-buchverlag.de

Für Ursula
und Anne, Max, Marie, David und Josi

I

Es ist damals etwas Seltsames passiert.

Ich ging morgens die vier Treppen in mein Büro hinauf, wo ich einen Artikel beginnen wollte, nahm also die erste Treppe, bog ein in die Kurve zur zweiten – da fiel mir plötzlich auf, dass mir etwas nicht mehr einfiel.

Worum es in diesem Artikel gehen sollte nämlich.

Das ist ja Wahnsinn, dachte ich, was ist mit mir los? Schlaganfall, Spontandemenz oder … Dings … Alzheimer? Ich murmelte meinen Namen vor mich hin, mein Geburtsdatum, die Lieblingsspeise meines Vaters, den Kilometerstand meines Autos, den Tabellenstand meines Fußballvereins. Alles da.

Nur …

Nein.

Ein alter Freund und Kollege hatte einige Wochen zuvor angerufen, mit sehr vertrauter Stimme, in der ich sofort das Freundliche und das Bittende erkannte, das gut Vorbereitete und das Anregende, weiterhin das Nervöse, aber auch das subtil Drängende und deshalb schwer Abzulehnende dessen, der mich gleich nach einem längeren, von mir noch zu verfassenden Text fragen würde, also: ob ich den schreiben könne.

Wahrscheinlich hätte ich wieder keine Zeit, sagte der Freund, der für eine sehr gute Zeitschrift arbeitet. Vermutlich würde ich es nicht machen. Er kenne mich lange und gut genug, um zu wissen, was in mir jetzt vorgehe: die Angst, mir zusätzliche, kaum zu schaffende Arbeit aufzuhalsen; die Furcht, dem Thema nicht gewachsen zu sein; meine Unfähigkeit, *Nein* zu sagen. Mit der er natürlich, ehrlich gesagt, ein bisschen kalkuliere, als Redakteur. Aber nicht als Freund.

Jedenfalls: Das Thema wolle er mir doch kurz erläutern.

Das tat er.

Und ich hatte zugesagt, schnell und aus einem plötzlichen Gefühl heraus, jenem nämlich, dass dieses Thema mehr mit mir zu tun hatte, als mir im Moment klar war. Und dass ich mich damit unbedingt beschäftigen sollte.

Es war ein Begriff, dachte ich, weiter die Treppe emporsteigend, ein bestimmtes Wort. Aber da, wo sich dieses Wort in meinem Bewusstsein befinden sollte, war einfach ein Loch. Und je länger und angestrengter ich versuchte, dieses Loch zu füllen, je mehr an Anstrengung und Energie ich hineinschaufelte, desto größer wurde es.

Es nahm kraterhafte Ausmaße an, und in mir machte sich die Angst breit, nicht nur dieses Wort sei im Krater verschwunden, sondern nach und nach könnte mein ganzes Leben in diesen Schlund rutschen.

Ich nahm die dritte Treppe und die vierte, schloss mein Büro auf, ging zum Schreibtisch, klappte mein großes Notizbuch auf, in dem ich während der vergangenen Tage meine Gedanken zu dem Thema, das mir nicht mehr einfiel, notiert hatte.

Da lachte mir mein Begriff entgegen. Das Wort. Und wie schön es war!

Heiterkeit.

Ich dachte darüber nach, was mit mir los war. Ich hatte zwei mühsame Jahre hinter mir, Krankheiten und Unglücksfälle in der Familie, zwei Angehörige waren gestorben, ein Familienmitglied bei einem Unfall schwer verletzt worden. Die Pandemie und alle damit verbundenen Probleme. In kürzester Zeit hatte ich zwei Bücher und jede Woche eine Kolumne geschrieben, ein Dreivierteljahr ohne Urlaub und freie Wochenenden gearbeitet. Dann wieder viel unterwegs gewesen. Sorgen gemacht.

Mir schwirrte der Kopf.

Und jetzt sollte dieser Aufsatz kommen, dessen Thema nur oberflächlich betrachtet leicht und schwebend anmutete, in Wahrheit aber ein Grundthema meines

Lebens und meiner Arbeit umfasste, die Lektüre einer Menge philosophischer Werke erforderte – und …

Der Stress blockiert dein Hirn, dachte ich. Die Angst.

Du solltest es nicht so wichtig nehmen, dachte ich weiter, schraub die Sache nach unten. Es ist nur ein Artikel, und wenn es nicht dein bester wird, auch egal. Das Leben besteht nicht aus den besten Artikeln.

Ich schloss mein Büro ab und machte einen Spaziergang auf dem Alten Südlichen Friedhof. Betrachtete die efeuumrankten, nur selten gut gepflegten, manchmal stark verwitterten, teilweise stark beschädigten Grabsteine all der Professoren und Brauereibesitzerwitwen, der Kolonialwarenhändlertöchter und Kunstmaler, der Kurzschrifterfinder und Oberbergräte, alles Menschen, die ihr Leben im 19. Jahrhundert geführt hatten, als dies der Zentralfriedhof meiner Stadt war.

Ich freute mich, dass es einmal einen bayerischen Regimentskommandeur der Infanterie gab, der tatsächlich Angstwurm hieß, Theodor Ritter von Angstwurm.

Ich setzte mich auf eine Bank und sagte mir, dass alles nicht so wichtig sei, nicht so wichtig, nicht so wichtig. Insbesondere der zu schreibende Text, sagte ich mir, sei nicht so wichtig.

Ich werde mich froh an die Spitze der mir zur Verfügung stehenden Wörter und Gedanken setzen, dachte ich weiter, und sie ins Feld führen wie einst Angstwurm seine Soldaten ins Gefecht …

Nein, nein, eben nicht!

Ich werde einfach schreiben.

Also ging ich wieder in mein Büro und arbeitete. Es ging plötzlich wieder. Ich schrieb den Artikel. Als er fertig war, arbeitete ich weiter und weiter, denn, wie gesagt, das Thema schien mir wichtig, für mein ganzes eigenes Leben, vielleicht sogar für das Leben vieler anderer und auch für die Zeit, die wir gerade alle zusammen hier verbringen.

Wenn ich das Wort *heiter* höre, denke ich immer zuerst daran, wie gerne ich ein heiterer Mensch wäre, gelassen, entspannt, leicht durch die Tage schwebend. Ich denke an den Neid, den ich empfinde, wenn ich Menschen begegne, die sich so im Leben bewegen.

Zweitens aber fällt mir stets eine Fernsehsendung ein, die in meiner Kindheit überaus beliebt war. Sie hieß *Was bin ich? Ein heiteres Beruferaten.*

Es handelte sich um ein Quiz. Vor einem Rateteam aus vier Leuten erschienen nacheinander drei Menschen, deren Berufe es herauszufinden galt. Die Gäste wurden von Robert Lembke, dem Moderator, begrüßt. Sie schrieben jeweils ihren Namen auf eine Tafel, kreuzten an, ob sie selbstständig oder angestellt waren, setzten sich. Lembke schlug einen Gong, woraufhin kurz der Beruf des jeweiligen Besuchers (sichtbar aber nur fürs Fernsehpublikum) eingeblendet wurde. Das ging von Friseur über Hausfrau bis zu einer seltsamen Tätigkeit, die, wenn ich mich recht entsinne, *Bananenschnüffler* hieß – ein Mann, der am Geruch den Reifegrad von Bananen erkennen konnte und auch *musste*, denn von seinem Wissen hingen große Bananenlieferungen ab. Es folgte eine für den Beruf typische, aber nicht wirklich verräterische Handbewegung.

Wie oft habe ich überlegt, welche die für meinen Beruf typische Handbewegung sein könnte! Ich bin zum Ergebnis gekommen, dass es jener hoffnungsvolle *Move* sein müsste, mit dem ich beide Hände hinter dem Kopf verschränke, um dann an die Decke zu starren.

Wo sich gelegentlich, wie durch ein Wunder, Gedanken offenbaren.

Oft aber auch nicht.

Lembke fragte die Gäste: *Welches Schweinderl hätten S' denn gern?* Sie suchten sich eines der verfügbaren Sparschweine aus. Und es begann die Fragerunde, meistens mit Sätzen wie: Sind Sie mit der Herstellung oder Verteilung einer Ware beschäftigt? Könnte auch ich zu Ihnen kommen? Könnten Sie diesen Dienst an mir vollbringen?

Lautete die Antwort *Ja*, durfte der Fragende weitermachen, kam ein *Nein*, ging das Fragerecht an den Nächsten weiter. Lembke warf dann klappernd ein Fünf-Mark-Stück ins Schweinderl und klappte ein Nummernschild um, auf dem die Zahl der Neins verzeichnet war. Nach zehn Neins war Schluss – oder eben vorher, wenn der

Beruf erraten war. Dies alles in großer Ruhe und ohne jedes künstliche Drama.

So ging das. Am Schluss setzten die Ratenden Masken auf, die ihre Augen verbanden. Ein Prominenter erschien, es ging beim Raten nun um seinen Namen. Er durfte kein Wort sprechen, denn mancher hätte ihn ja schon an der Stimme erkannt. Er nickte also nur dem Moderator zu. Oder schüttelte eben den Kopf.

In den besten Jahren lag die Einschaltquote bei 75 Prozent.

Es war heiter. Ich komme darauf zurück. Es ist ja dieser Begriff, um den es mir geht und der mich so interessiert.

Ich möchte ein heiterer Mensch sein. Manchmal gelingt mir das. Oft nicht. Es gibt Tage, an denen mir die Dinge leichtfallen und das Leben etwas Schwebendes hat. Es gibt andere Tage. Mit Sicherheit ist ihre Zahl größer. Und sind es nicht in den vergangenen Jahren mehr geworden?

Schade. Ich hätte es gern anders.

Das ist banal. Es geht vermutlich jedem so. Man möchte das Leben nicht als Last empfinden, natürlich nicht. Es ist aber nun mal oft schwer: Freunde werden krank, Angehörige sterben, man hat Geldsorgen und fürchtet sich. Die Pandemie und ihre Begleiterscheinungen haben bei vielen von uns ihre Spuren hinterlassen. Die zunehmende Hitze und Dürre der Sommer unserer vergangenen Jahre, dann wieder die Starkregenfälle waren furchterregend. Der Krieg.

Was soll nur werden?

Trotzdem möchte ich ein heiterer Mensch sein. *Deswegen ja.*

Was heißt das genau: ein heiterer Mensch? Was bedeutet es für uns alle? Und was für mich? Wie wird man so? Kann man überhaupt etwas dafür tun? Und wenn ja, was? Warum schreibe ich überhaupt *man*?

Was kann *ich* tun?

Wo sind die Hindernisse?

Und was habe ich vielleicht schon längst getan?

Heiterkeit ist mir ja nicht fremd. Ich kenne sie, in vielen Momenten, auch übrigens, was – nebenbei erwähnt – lustig ist, aus meinen eigenen Texten und meiner eigenen Arbeit.

Apropos.

Das Ehepaar K. schreibt mir, es habe 1995 im Standesamt etwas warten müssen, als das Aufgebot bestellt werden sollte. Um sich die Zeit zu vertreiben, hätten sie meine Kolumne im *Süddeutsche Zeitung Magazin* gelesen, die an diesem Tag eine interessante Überschrift trug.

Wir lernen heute: Heiraten.

Sie hätten, schrieben sie, mir das immer schon erzählen wollen, weil es so ein unglaublicher Zufall gewesen sei. Aber nun sei etwas anderes geschehen: Ihre Spülmaschine sei kaputtgegangen – und worum sei es an exakt diesem Tag in meiner Kolumne gegangen? Genau: um den defekten Spülapparat in *meinem* Haushalt.

Das könne kein Zufall sein. »Zwischen Ihren Kolumnen und unserem Leben ist ein mystischer Faden gespannt.« Das habe sie sehr erheitert.

Leser K. schreibt, er lese den *Brief aus dem Büro*, den ich einmal im Monat kostenlos an Abonnenten verschicke, »fast ausnahmslos mit Heiterkeit und entsprechendem Gewinn«. Leser L. dankt »für Ihre immer wieder aufmunternden Texte«. Frau F. meldet sich mit Dank, »dass Sie so viele Menschen zum Nicken, Schmunzeln, Glucksen oder auch Laut-Loslachen bringen und so das Leben definitiv heiterer und ein bisschen glücklicher machen!«

Und hat nicht nach einer Lesung in Leipzig eine junge Frau erzählt, in der Corona-Zeit habe sie im winzigen Zimmer eines Studentenwohnheims gelebt? Nebenan habe ihre Freundin gewohnt, die eines Tages an Corona erkrankt und nun eingesperrt gewesen sei auf etwa neun Quadratmetern zwischen Tisch, Stuhl, Schrank und Bett. Durch die dünnen Wände habe sie eines Abends die Freundin weinen gehört, es sei kaum zu ertragen gewesen, und so habe sie mein Buch *Ein Bär namens Sonntag* genommen, sich auf dem Flur vors Zimmer der Freundin gesetzt und ihr durch die geschlossene Tür das Buch vorgelesen.

Nach zwei, drei Seiten habe das Weinen aufgehört.

Wie ist es möglich, dass ich seit Jahrzehnten Geschichten schreibe, die andere Menschen erheitern – ohne selbst ein heiterer Mensch zu sein? Wie funktioniert das, was ich da mache?

Das interessiert mich. Natürlich interessiert es mich. Sehr sogar.

Genau betrachtet, ist das ein undeutlicher Begriff, nicht wahr? Heiter.

Seltsam ist, wie das Wort Heiterkeit auf verschiedenste Lebenslagen verwendet worden ist. Hat es aus diesem Grund so an Kraft verloren und ist – mit Bedeutungen überladen – geradezu bedeutungslos geworden?

Heiter kann der Alkoholisierte ebenso sein wie eine südliche Landschaft. Der Witze-Erzähler wird ebenso als heiter durchgehen wie ein Gedicht von Robert Gernhardt oder eine Zeichnung von Sempé. Heiter ist der Clown, heiter die Kunst, heiter ist im Fachterminus der Meteorologen der zu weniger als einem Viertel mit Wolken bedeckte Himmel, heiter scheint der Lachende, heiter ist ein wie auch immer geartetes Gutdraufsein. Als heiter galt, was eine Mitschülerin in mein Poesiealbum schrieb:

Mach es wie die Sonnenuhr
Zähl die heitren Stunden nur.

Aber haben wir nicht auch Putin schon in heiterer Verfassung gesehen, den Killer, Massenmörder, den verkniffenen kleinen Spießer, im herzlichen Zusammensein mit Gerhard Schröder? Und ging nicht selbst Görings feistes Grinsen einst als heiter durch, war der Inbegriff einer fetten Leutseligkeit, die im Handumdrehen zu vernichtender Grausamkeit werden kann?

»Fahr hin, jovialer Mordwanst!«, schrieb Thomas Mann nach dessen Suizid. Übrigens gilt Mann als einer der heitersten deutschen Autoren, zu denen man natürlich auch Goethe zählen würde. Schiller sowieso, aus dessen *Wallenstein* schließlich der Satz *Ernst ist das Leben, heiter ist die Kunst* stammt. Auch Kleist, der seinem Leben selbst ein Ende setzte, haben Germanisten einen Autor der Heiterkeit genannt, Nietzsche war es ohnehin. Davon später mehr.

Großes Thema, wer hätte das gedacht?

Fangen wir noch mal klein an, bei mir und bei diesem Wort. Denn wenn man sich so sehr wünscht, ein heiterer Mensch zu sein, dann muss man es zurückholen aus der Beliebigkeit und dem Ungefähren, muss verstehen, was es heißt. Heißen könnte.

Dieses *Beruferaten* damals … Warum nannte man es *heiter*? Warum empfanden wir es auch so?

Es wurde viel gelacht in der Sendung. Die Ratenden begaben sich auf Irrwege, sie hielten den Menschen, der vor ihnen saß, für etwas, das er nicht war. Und da wir, vor dem Fernseher sitzend, dank der erwähnten Einblendung die Wahrheit kannten, wussten wir um die Irrtümer. Das war an sich schon lustig und wurde noch lustiger durch kuriose, schlaue, witzige Fragestellungen und die Kommentare des Moderators Robert Lembke. Am Ende, als alles aufgeklärt war, wurde über den Beruf des Gastes geplaudert, man sah vielleicht einen Film aus seinem Alltag, lachte viel, und schließlich durfte er das Schweinderl mit heimnehmen.

Das Lachen, das Lustige gehörten zum Heiteren des Abends. Doch das zentrale Zeichen der Sendung war ein anderes. Es hieß: Das hier ist alles nicht so wichtig. Es ist ein kleines, entspanntes Spiel, keine große Show. Niemand wird mit Getöse vorgestellt, nie ist es laut in der entspannten Runde im unspektakulär eingerichteten Studio, in dem Lembkes Foxterrier *Struppi* (nach dessen Tod Nachfolger *Jacky*) das Geld bewacht, das es zu gewinnen gilt. Es geht nicht um Millionen, nur um maximal zehn Fünf-Mark-Stücke. Es geht um ganz normale Menschen und ihre manchmal überaus interessante Arbeit. Niemand *will* wirklich etwas: Das Publikum soll nicht zu brüllendem Lachen gebracht werden. Die Ratenden müssen auch nicht unbedingt erfolgreich sein, im Gegenteil: Wenn sie es nicht sind, ist es viel schöner.

Es geht um Freundlichkeit, Wohlwollen, um tatsächliches Interesse an der Arbeit von Leuten, die sonst nie im Fernsehen sind.

Es geht um Lächeln, Leichtigkeit, Nonchalance.

Um Heiterkeit.

2

Jetzt aber – bevor wir dem Begriff noch näher zu Leibe rücken – erst einmal folgende Frage: Welches Recht haben wir, uns in Zeiten wie diesen überhaupt mit einem solchen Thema zu beschäftigen: Heiterkeit? Gab es denn jemals eine Epoche, in der sich die Menschheit ernsteren Forderungen gegenübergesehen hätte, fürchterlicheren Bedrohungen, schlimmeren Aussichten? Allem voran dem grundsätzlichen Wandel des Klimas auf der Erde, der alles infrage stellt, was bisher unser Leben ausgemacht hat? Gleichzeitig dem Wahnsinn des Krieges und seiner Folgen mitten in Europa? Der Angst vor der Zerbrechlichkeit vieler Demokratien, die wir gesichert glaubten?

Schreit diese Zeit nicht zuallererst nach Ernst, noch mal Ernst und dann wieder: nach tiefstem Ernst? Ganz und gar nicht nach Heiterkeit? Darf man sich jetzt mit einer solchen Sehnsucht beschäftigen? Sollte man es? *Kann* man es überhaupt, an die Wand gedrückt von Krisen, Katastrophen und all dem Kummer, der damit zusammenhängt? Von den persönlichen Problemen vieler unter uns, die manchmal aus den gesellschaftlichen folgen und sich dann noch zu ihnen addieren? Und: Heißt es nicht, diesen Ernst zu leugnen, wenn wir uns ausgerechnet jetzt die Frage nach unserer Heiterkeit stellen?

Im Antiquariat finde ich ein Büchlein, *Heilkraft des Humors* von Michael Titze. Darin steht: »… leben wir gegenwärtig in einer Zeit, die von Katastrophenstimmung und Zukunftsängsten erfüllt ist. Angesichts sterbender Wälder, steigender Arbeitslosenzahlen und ganzer Legionen von Atomraketen scheint der Gegenwartsmensch tatsächlich nichts mehr zu lachen zu haben.«

Erscheinungsjahr war 1985.

Ich krame, mit diesen Fragen beschäftigt, ein wenig im Internet herum und entdecke einen Text des Philosophen Wilhelm Schmid, in dem er den Begriff, um den es hier geht, näher betrachtet. Das Manuskript, für das Radio geschrieben, beginnt: »Ist dies eine Zeit, in der die Heiterkeit am Platz ist? Das würden wohl die meisten Menschen verneinen. Zu viele schlimme Nachrichten stürmen auf uns ein, und bei manchen gibt es Gründe, der Verzweiflung näher zu sein als der Heiterkeit.«

Das stammt vom Mai 2001, also aus der Zeit *vor* den Attentaten vom 11. September. Nicht, dass dies leichte Jahre gewesen wären, aber von den Zuspitzungen unserer Tage waren wir, vorsichtig ausgedrückt, etwas entfernt. Dennoch stellte sich dieselbe Frage: Darf man …?

Wir könnten weiter zurückgehen, den Menschheitsängsten auf der Spur.

Die Menschen stehen vorwärts in den Straßen
Und sehen auf die großen Himmelszeichen,
Wo die Kometen mit den Feuernasen
Um die gezackten Türme drohend schleichen.

So beginnt ein berühmtes Gedicht von Georg Heym von 1912 über die auch in seiner Zeit verbreiteten Weltende-Befürchtungen, und übrigens konnte er die Verse nicht mehr mit einem Titel versehen, weil er nämlich vorher, mit 24 Jahren, beim Schlittschuhlaufen in der Havel ertrank, als er einem ins Eis eingebrochenen Freund helfen wollte.

Woraus wir lernen …

Nein, wir lernen gar nichts daraus.

Oder doch?

Jakob van Hoddis, der als Hans Davidsohn 1887 zur Welt kam und vermutlich 1942 im Vernichtungslager Sobibor ermordet wurde, veröffentlichte 1911 ein dann berühmt gewordenes expressionistisches Gedicht.

Dem Bürger fliegt vom spitzen Kopf der Hut,
In allen Lüften hallt es wie Geschrei.
Dachdecker stürzen ab und gehn entzwei
Und an den Küsten – liest man – steigt die Flut.

Der Sturm ist da, die wilden Meere hupfen
An Land, um dicke Dämme zu zerdrücken.
Die meisten Menschen haben einen Schnupfen.
Die Eisenbahnen fallen von den Brücken.

Das war aber schon als Karikatur auf die Bürger gemeint, die in jedem Missgeschick des Tages (der Hut fliegt weg, es plagt ein Schnupfen) das Weltende sahen: *Die Eisenbahnen fallen von den Brücken*. Karl Kraus schrieb wenig später sein Riesenwerk *Die letzten Tage der Menschheit*. Eine Anthologie expressionistischer Dichtungen von Kurt Pinthus hieß *Menschheitsdämmerung*. Kandinsky, Poelzig, Dix, Beckmann malten Bilder der Apokalypse.

Der Komet Halley, der 1910 wiederkehrte und vor dem sich die Menschen zu allen Zeiten fürchteten, hatte grundsätzliche Ängste verschärft und ihnen einen konkreten Bezugspunkt verliehen. Der Weltkrieg gab den Rest dazu.

Der sich anschließende Gedanke ist: Gab es, so betrachtet, überhaupt je eine Zeit, in der Heiterkeit am Platze war? Waren die Jahre nicht immer viel zu übel?

Wenn das aber so wäre, was hätte es für Folgen für unseren Umgang mit diesem offenbar doch grundsätzlichen Ernst der Zeiten? Und weil wir schon mal dabei sind, hier gleich das leise Antippen einer viel größeren

Frage: Könnte es sein, dass hinter unserer Furcht, die Dürren und Hochwasser, die Eisschmelzen und Starkregen könnten Vorboten des allgemeinen Untergangs sein, unsere jeweils ganz private Todesangst lauert, das Bangen vor der Individual-Apokalypse?

Vor einer Weile befasste ich mich einmal ausführlich mit dem Werk der Wiener Kolumnistin Doris Knecht, was eine Freude war, denn es handelt sich um eine tolle Autorin. Sie bekam in der Schweiz einen Preis verliehen, ich hielt die Lobrede, deshalb las ich vieles von dem noch einmal, was sie geschrieben hatte.

In einem Text aus dem Jahr 2022 berichtete Knecht, eine Leserin habe sich beschwert: Sie, Knecht, hatte etwas über ihre Lieblingsspeisen geschrieben. Die Leserin hatte einen Fluchthintergrund und half nun selbst und selbstlos anderen Geflüchteten. Sie fand es lächerlich und oberflächlich, angesichts der damals aktuellen Situation (vor allem des Krieges in der Ukraine) etwas über Essensvorlieben lesen zu müssen.

Knecht schrieb die klaren und eleganten Sätze: »Natürlich hat sie recht. Aber ich finde, sie hat auch ein bisschen nicht recht.«

Sie schrieb weiter: »Wir haben diesen Krieg nicht angefangen, keiner von uns wollte ihn, alle sind entsetzt. Ich finde nicht, dass wir uns Tag und Nacht dafür schuldig fühlen sollten, dass wir weiter das tun, was auch die

Menschen in der Ukraine taten und weiter tun wollten: ganz normal in Frieden leben.« Dieser Krieg höre nicht auf, wenn wir aufhörten, uns zu freuen an unseren Kindern, an einem guten Essen, an Kunst. Den Menschen in der Ukraine und den Flüchtenden gehe es nicht besser, wenn wir den ganzen Tag ein schlechtes Gewissen hätten wegen unserer Ohnmacht. »Was stattdessen passiert: Wir lassen Putin auch Krieg führen gegen uns«, schrieb sie. Dann gewinne Putin. Dann bestimme Putin auch über unser Leben und nehme auch uns die Freiheit. »Helfen wir den Menschen in der Ukraine und auf der Flucht, wie und wo wir können, aber lassen wir Putin nicht bestimmen: wie wir leben wollen, woran wir uns freuen und was wir schreiben.«

Ist es nicht so auch mit unserem Thema? Wäre es nicht Unsinn, die Heiterkeit aus unserem Lebensplan zu streichen, weil die Umstände und Aussichten gerade enorm unheiter sind? Würden wir uns nicht gerade das nehmen lassen oder selbst nehmen, dessentwegen wir an diesem Leben hängen? Sollten wir nicht sogar *gerade dann* heiter sein, wenn die Zeiten es *nicht* sind?

Ich denke an die Psychoanalytikerin Margarete Mitscherlich, vor der – sie war da schon 91 – einmal ein mittelalter Mann in einem Frankfurter Hörsaal ein längeres Statement über die düstere Lage der Nation abgab, vom allgemeinen Werteverfall bis zur Unfähigkeit der Politiker. Vom Untergang der Welt war seine Klage wohl nicht weit entfernt.

Mitscherlich lächelte nur und sagte: »Das ist mir alles viel zu wehleidig, junger Mann. Sie sind ja nur am Jammern. Lassen Sie es mich so sagen: Jedes Leben hat seine Erschütterung, jede Zeit auch. Diese Selbstverständlichkeit zu beklagen – da machen Sie es sich sehr einfach.«

Noch einmal also die Frage: Was kann uns das, was wir Heiterkeit nennen, in Zeiten bedeuten, in denen der Weltuntergang bevorzustehen scheint? Oder müssten wir nicht besser fragen, was dieser Begriff uns seit eh und je zu bedeuten hat?

Ein Abend im Spätsommer 2021.

Ich liege nach dem Abendessen auf der Couch und sehe im Fernsehen wieder mal die *Corona-News.* Das ist schlimm genug. Aber nun flackern über den Bildschirm auch noch Flammen brennender Wälder auf der griechischen Insel Euböa. Wochen zuvor habe ich Häuser im Ahrtal in wilden Fluten versinken gesehen und verzweifelte Menschen gehört, die ihren Besitz verloren hatten. In einer Fernsehreportage sagte damals ein Mann aus einem der zerstörten Orte, das sei »irgendwie wie eine Apokalypse« gewesen, er habe plötzlich gedacht, die Welt gehe unter.

Dann kommt die Nachricht, es sei mittelhoch wahrscheinlich, dass der Golfstrom zusammenbreche – und das kann einem den Rest geben, obwohl ich, wie gesagt, auf der Chaiselongue liege, mit einem Bier in der Hand, und durchs offene Fenster die Leute in den Straßenlokalen lachen höre. Sofa hin, Bier her: Wie soll man das aushalten, diese Intensität der Information über alles und jedes in der Welt, dieses Dauerfeuer der Unterrichtung, kombiniert mit der Machtlosigkeit all dem gegenüber?

Ich mache den Fernseher aus, weil ich Musik hören will, passend zum Thema.

Johnny Cash. *The Man Comes Around.*

Diese brüchige Stimme des alten Mannes, der erst einmal gar nicht singt, sondern diese Verse spricht.

And I heard, as it were, the noise of thunder
One of the four beasts saying,
›Come and see.‹ And I saw, and behold a white horse.

Zitiert wird hier (und auch im Weiteren) die Offenbarung des Johannes, die Apokalypse also, an dieser Stelle 6,1 und 6,2. Da heißt es nämlich:

Dann sah ich: Das Lamm öffnete das erste der
sieben Siegel; und ich hörte das erste der vier
Lebewesen wie mit Donnerstimme rufen: Komm!
Da sah ich und siehe, ein weißes Pferd …

The hairs on your arm will stand up, sang Cash.

Es ist einer seiner letzten Songs und für mich einer seiner besten. Ich bekomme wirklich eine Gänsehaut, als ich ihn höre, ja, sogar heute, da ich mich an den Moment erinnere, stellen sich mir die Haare auf den Unterarmen wieder senkrecht, einmal, weil er so eindringlich ist, und natürlich auch, weil der Weltuntergang geschildert wird, den ich im Fernsehen gerade in echt auf mich hatte zukommen sehen.

And I heard a voice in the midst of the four beasts
And I looked, and behold a pale horse
And his name that sat on him was death, and hell followed with him.

Wieder die Apokalypse, das letzte Buch des Neuen Testaments.

Als das Lamm das vierte Siegel öffnete, hörte ich die Stimme des vierten Lebewesens rufen: Komm! Da sah ich und siehe, ein fahles Pferd; und der auf ihm saß, heißt ›der Tod‹; und die Unterwelt zog hinter ihm her. Und ihnen wurde die Macht gegeben über ein Viertel der Erde, Macht, zu töten durch Schwert, Hunger und Tod und durch die Tiere der Erde.

So geht es mir abends auf der Couch.

Donnerstimmen. Fahle Pferde.

Wie oft habe ich in den vergangenen Jahren den Weltuntergang kommen sehen!? Wie viel Zeit habe ich mit der Beschwörung des Schlimmsten verbracht!?

Einmal, 2017 – ich erinnere mich genau, weil ich dann, am Tag darauf, eine meiner Kolumnen darüber geschrieben habe – machte ich den Fehler, vorm Einschlafen eine *Spiegel*-Titelgeschichte über Donald Trump zu lesen. Entsprechend war die Nacht: miserabel der Schlaf, finster die Träume. Frühmorgens hielt ich (aufrecht im Bett) meiner Frau einen Vortrag über das bevorstehende Weltende, verursacht durch den Donald.

Später standen wir in der Küche, meine Frau, unsere damals zwölfjährige Tochter und ich. Einer unserer Söhne rief an. Meine Frau sprach mit ihm, offenbar erkundigte er sich nach meinem Wohlergehen, denn sie sagte irgendwann (ich glaube sogar: lächelnd): »Papa geht es nicht so gut, er hat heute Morgen schon vom Weltuntergang gesprochen.«

»Weltuntergang?!«, rief die Tochter erschrocken. »Aber ich hab doch noch gar kein Abitur!«

Nun hat sie es längst. Und die Welt ist immer noch da.

Aber unsere Angst vor dem Untergang auch.

Tags darauf im Büro suchte ich Johannes Frieds *Dies irae. Eine Geschichte des Weltuntergangs* aus dem Regal. Im Grunde verbrachte ich den Tag damit, mich selbst über die Apokalypse zu unterrichten, nun jedoch in anderer Form: über Vorhersagen nämlich, die nicht wahr wurden, Ängste, die vergeblich waren, Katastrophen, die nie geschahen.

Das ist erst mal ganz tröstlich: zu verstehen, dass eine der wichtigsten Konstanten in der Geschichte der Menschheit der vergebliche Glaube an den *Doomsday* ist, in immer neu variierten Erzählungen, Prophezeiungen, Weissagungen, Romanen, Sachbüchern, Liedern, Gedichten. Dass wir also offensichtlich gar nicht anders können, als unser eigenes Verschwinden zu ahnen, es zu fantasieren und auszumalen. Es steckt uns in den Knochen. Über Jahrhunderte hinweg haben wir uns immer wieder das *Armageddon* vorgestellt, von Dürer bis Roland Emmerich, von Rubens bis Frank Schätzing, ein Erbe des Christentums, das lange nicht ohne Weltgericht auskam.

Ich war also, tags zuvor morgens aufrecht im Bett sitzend, eine Art Opfer der menschlichen Mentalitätsgeschichte gewesen. Denn es könnte sein, dass es in der Geschichte nur selten Zeiten gegeben hat, in denen man einen Text über den Begriff Heiterkeit *nicht* mit den Sätzen aus dem zitierten Text Schmids hätte beginnen können: »Ist dies eine Zeit, in der die Heiterkeit am

Platz ist? Das würden wohl die meisten Menschen verneinen ...«

Und es hilft vielleicht, sich ernstlich bewusst zu machen, dass wir tatsächlich seit so langer Zeit vom Fluch des Armageddon verfolgt werden, wie soll man es anders sagen? Allerdings: Nur in den sogenannten westlichen Ländern kennt man diesen Gedanken, der nicht nur das Ende der Menschheit bedeutet, sondern wirklich den Untergang von allem und jedem, Erde samt Mann und Frau und Maus. In Japan, China und anderswo ist das unbekannt. Zwar gibt es in vielen Religionen Vorstellungen von einer Endzeit, aber nicht in Form der Komplettvernichtung.

Fried, der Historiker, hat in *Dies irae* genau nachgezeichnet, wie die Panik-Fantasie über Jahrtausende weitergetragen worden ist. Sie hat sich vom Christentum irgendwann emanzipiert, hat die Aufklärung überstanden, ist zu manchen Zeiten wacher geworden, dann wieder eingeschlafen – aber sie war immer da, manchmal mehr, manchmal weniger. Der Glaube, in dessen Zusammenhang der Untergang überhaupt erst gepredigt wurde, ist den meisten von uns verloren gegangen. Die Angst vor dem Sturz ins Nichts aber ist geblieben. Vielleicht stand am Anfang der Menschheit in unserem Teil der Erde sogar diese Angst? Und man hat sich den dazu passenden Glauben gezimmert?

»Irgendwie scheint hierzulande«, so Fried, »aller wissenschaftlichen und technischen Rationalität zum Trotz, nicht nur Angst, sondern eine versteckte, doch unstillbare Sehnsucht nach dem Ende zu herrschen, eine heimliche, atemberaubende Lust am Untergang, nicht ohne Gefahr für die Psyche vieler Zeitgenossen.« In einem Satz: »Die menschliche Psyche hat schwerste Belastungen und Untergangsängste zu überstehen.«

Die Frage ist: Wie machen wir das?

Fried hat mal gesagt, die modernen Wissenschaften wären ohne die Vorstellung eines Weltuntergangs vielleicht nicht denkbar, weil es der Menschheit irgendwann zu blöd gewesen sei, in Schafsdärmen nach Anzeichen für den Verlauf der Zukunft zu wühlen.

Dann lieber Klimaforschung. Wissenschaft. Erkenntnis.

Den Leuten im Ahrtal oder auf Euböa nützt das herzlich wenig, ihre Welt ist tatsächlich untergegangen. Aber was die apokalyptischen Gefühle vor dem Fernseher angeht – *the hairs on your arm* – hilft es vielleicht, sich klarzumachen, dass ein wesentlicher Bestandteil der Vorstellung vom Weltende die Tatsache ist, dass es nie eingetreten ist.

Warum nicht?

Vielleicht eben: *weil* wir uns so vor ihm fürchten. Und weil der Untergang immer auch ein Motor der Evolution ist? Gäbe es den Menschen, wenn nicht die Saurier eines Tages ausgelöscht worden wären?

Und eventuell hilft noch etwas anderes: sich zu erinnern, dass jener Johannes, den Johnny Cash zitiert und der seinen Text vermutlich auf der griechischen Insel Patmos schrieb, die Schrift nicht verfasste, um die Menschen zu schockieren, sondern im Gegenteil, um ihnen Hoffnung zu machen. Er richtete sich an die von den Römern verfolgten Frühchristen und sagte: Am Ende der Geschichte wird Gott euch helfen und die Bösen bestrafen, dann wird alles gut.

There'll be a golden ladder reaching down, singt Johnny Cash, eine goldene Leiter wird herabgereicht, aber nicht für alle, *everybody won't be treated all the same.*

Das könnte helfen, wenn man an Gott glaubte. Und wenn nicht?

Wie können wir umgehen mit dem, was tief in uns wohnt als ein Erbe seit alter Zeit? Worin liegt unsere Hoffnung, wenn wir keine goldenen Leitern zu erwarten haben?

In der Wissenschaft? In der Fähigkeit des Menschen, sich selbst zu helfen? In der Einsicht, dass Krisenlosigkeit kein Dauerzustand in der Weltgeschichte sein kann, weil sie es nie war, sondern immer eine Ausnahme? In der Erfahrung, dass sich die Vernunft immer durchgesetzt hat und dem Wahnsinn der Diktatoren und Mörder, der Putins und Xi Jinpings, irgendwann ein Ende gesetzt hat und wieder setzen wird? In dem tiefen Ernst, mit dem junge Menschen den Unernst, die Tatenlosigkeit, die Langsamkeit anprangern, mit denen die Menschheit ihre eigenen Zukunftsprobleme angeht? Und möglicherweise auch in der Fähigkeit des Menschen, Geschichten zu erfinden, die Hoffnung enthalten, wie eben die Johannes-Apokalypse? Mit denen er sich erheben kann aus Grau und Grauen?

Und vielleicht ein wenig: in der Heiterkeit?

3

Bei uns zu Hause hängt ein Bild von Jean-Jacques Sempé, dem 2022 verstorbenen französischen Zeichner. Man sieht darauf eine Frau treppab in einen Garten gehen, die bunten Blumen dort, die leicht dahingetupften Farben der Blüten, die geöffneten Arme der Frau, ihr Lächeln, ihre Freude. Diese Zeichnung sieht aus wie nicht ganz fertig, obwohl sie es ist. Das rechteckige Papier, auf dem sie sich befindet, ist nicht ausgefüllt. Um die Szene herum sehe ich großen weißen Raum.

Ich liebe das Bild.

Aber warum genau?

Auf vielen Zeichnungen von Sempé ist um relativ kleine Menschen ungeheuer viel Platz, entweder dieses Weiß oder ein riesiger Strand, eine große Stadt, ein Haus mit vielen Wohnungen. Die kleinen Menschen sind immer intensiv mit dem beschäftigt, was sie gerade tun, hängen Gedanken nach, gehen spazieren, blicken aufs Meer hinaus oder lesen einen gerade geöffneten Brief, liegen im Schatten eines Baumes, an dem ihr Fahrrad lehnt, stricken, tanzen, legen sich Patiencen. Die Kinder spielen, und immer scheinen sie in ihrem Spiel versunken und auf jene Art glücklich, wie man es nur als Kind sein kann.

Das intensivste Gefühl, das ich spüre, wenn ich diese Bilder sehe, ist das der Rührung, des Berührtseins von den kleinen Leuten im großen Raum, der nie bedrohlich wirkt, sondern immer voller Hoffnung und Möglichkeiten. Man sieht sich selbst. Und an schlechten Tagen, an denen die Welt mich mit ihrem Grau und ihrem Grauen niederdrückt, ist es, als hätte jemand das Rad der Zeit zurückgedreht, als zeigte er mir nicht nur, wo ich falsch abgebogen bin, sondern auch, wo ich besser entlanggegangen wäre und immer noch gehen könnte, jeden Tag, wenn ich nur wollte.

Jean-Jacques Sempé hatte nicht das, was man gemeinhin eine schöne Kindheit nennt, »sie war sogar ziemlich grauenvoll und auch ein wenig tragisch«, hat er selbst gesagt. Der, den er Vater nannte, Monsieur Sempé, in Wahrheit sein Stiefvater, war Handlungsreisender für Fischkonserven und eingemachte Pasteten. Er vertrug keinen Alkohol, trank ihn aber oft. Schon ein Aperitif veränderte ihn erheblich, was wiederum Madame Sempé, die Mutter, so aufregte, dass es praktisch jeden Tag irrsinnige Auseinandersetzungen gab, unter denen Jean-Jacques furchtbar litt. Die Mutter warf dem Mann seine Trunkenheit vor und seine Unfähigkeit, eine bessere, einträglichere Arbeit zu finden als den öden Konservenhandel im kleinsten Maßstab.

Der Mann wehrte sich, das Geschirr flog, die Nachbarn tratschten.

Das Kind litt.

»Meine Kindheit war wirklich alles andere als lustig«, sagte er später, als er berühmt war und eben *Sempé*. »Das ist gewiss der Grund dafür, dass ich das Heitere liebe.«

Das ist der Weg, den Sempé weist: den der Heiterkeit. »Sempés Figuren, die häufig schüchterne oder gar eingeschüchterte Wesen sind, zeichnen sich durch eine tiefe und eigentümliche Bescheidenheit aus«, hat Jacques Réda geschrieben, ein französischer Dichter und Jazzautor. »Sempé scheint sie liebzuhaben«. Deshalb lieben wir sie auch. Und weil wir uns selbst in ihnen erkennen, lieben wir uns ein bisschen selbst – was nichts Eitles hat, sondern etwas Versöhnendes.

In einem langen Gespräch mit seinem Biografen und Freund Marc Lecarpentier hat Sempé erzählt, wie er sich eine kindliche Form des Kummers bis ins hohe Alter bewahrt habe, nein: wie sie ihn noch als Mann von mehr als achtzig Jahren quälend verfolge.

»Mir geht alles sehr nahe«, sagte er. »Wenn ich – mit ziemlicher Mühe – auf der Straße gehe und sehe eine Frau mit einem zu kurzen Bein, die bei jedem Humpelschritt schrecklich leidet, dann kann ich diesen Anblick kaum ertragen.« Er mache sich geradezu lächerlich mit seinem übertriebenen Mitgefühl, das so weit gehe, dass er, eines Tages im Sommer, in seinem Haus im Süden …

Also, es war so: Regelmäßig kam eine Wespe zu ihm geflogen, landete auf dem Rand der Dachrinne, ruhte sich aus, flog dann direkt in die dunkle Küche und holte sich Wasser aus einem Topf, der dort stets stand und in dem immer etwas Wasser war. Von diesem Wasser holte sie sich einen Tropfen, ruhte wieder auf der Dachrinne aus und flog davon. Keine Ahnung, wie Wespen Wasser transportieren, vermutlich nicht in kleinen Eimern. Aber irgendwie scheinen sie es zu können. Sempé hat es jedenfalls so erzählt.

Eines Tages jedoch kam die Wespe, als Sempé sich etwas Kaffee in einem Topf aufgewärmt hatte. Dieser Kaffee kochte fast. »Die Wespe kommt an, sie macht ein Geräusch, so ein Tack, Tack, dann fliegt sie zum dunklen Wasser, das kochend heiß war. Ich höre ein ganz leises Knacken, und die Wespe ist sofort tot.«

Er sei verzweifelt gewesen, habe das Tier aus dem Kaffee geholt, es auf die Arbeitsfläche gelegt, die Flügel auseinandergeklappt, die Beinchen bewegt, fast etwas wie künstliche Beatmung versucht – vergeblich. Die Wespe war tot, sie blieb es. Er habe das Gefühl gehabt, der Tod höchstpersönlich sei in sein Haus gekommen und er trage die Schuld daran. Er habe immer an die anderen Wespen denken müssen, die auf diese warteten, sich über die Verspätung wunderten und sich Sorgen machten.

Und ich, ich saß da und wusste genau, dass sie nie mehr nach Hause kommen und nie mehr den Wasservorrat bringen würde. Und ich schluchzte zum Steinerweichen und konnte nicht aufhören zu schluchzen.

Als ich las, was Sempé da erzählte, erinnerte ich mich an eine fast vergessene Geschichte aus meiner eigenen Kindheit: wie ich den langen Weg vom Haus meiner Eltern zu dem meiner Großeltern ging. Der Weg führte durch eine Siedlung, in der eine Bande von Jungs wohnte, die mich gerne verprügelten, dann durch einen Wald, der gruselig war, weil wir uns in der Schule Schauermärchen von Erhängten erzählten, die dort bisweilen an den Bäumen baumelten.

Auf diesem Weg sah ich einen Mann, der auf der Straße ging und einen Apfel aß, einfach nur diesen Apfel.

Mich befiel eine solche Traurigkeit, dass ich den Rest des Weges weinte, und noch viele Jahre, eigentlich noch heute, ist es so, dass ich traurig bin wie damals, weil mir dieser Mann so ewig leidtat: dass er auf der Straße essen musste, dass er offensichtlich kein Zuhause hatte wie ich und keine Familie, die – bei allen Problemen – doch abends zusammen um einen Tisch herumsaß, dort gemeinsam aß und oft auch lachte. Ich stellte mir die Einsamkeit dieses Mannes vor und versank in allen möglichen Vorstellungen über sein elendes Leben.

Das Großartige an Sempé ist nun: All diese nicht wirklich schönen Gefühle sind in seinen Zeichnungen enthalten, irgendwo tief in ihnen. Aber sie sind *verwandelt* in etwas anderes, Besseres, Glücklicheres, Heiteres. Es ist diese *Verwandlung*, die in den Bildern stattfindet.

»Die Menschen sind nicht gut«, sagt Sempé, »aber das Gute existiert, und es gibt Menschen, die daran teilhaben.«

Als er begonnen habe zu zeichnen, sagte er, habe er glückliche Menschen zeichnen wollen. Tatsächlich sind die Kinder, die zum Beispiel in *Der kleine Nick* zu sehen sind, glücklich, toben unbeschwert, sie spielen, feiern, legen Lehrer rein, rennen jubelnd einem Bus hinterher, hintergehen ihre Eltern, und wenn sie *nicht* glücklich sind, dann finden sie, wie Sempé gesagt hat, »immer Mittel und Wege, es ein bisschen zu sein«.

Das ist es, was mich heiter stimmt, wenn ich Bilder von ihm sehe: Ich weiß plötzlich, dass es immer Mittel und Wege gibt …

In dem erwähnten Gespräch sagt der Freund Lecarpentier zu Sempé, ihm sei aufgefallen, dass er Sätze oft mit *Ich glaube* oder *Mir scheint* beginne. Er scheine sich nie wirklich sicher zu sein.

Dann kommt seine Frage:

Aber wie steht es mit Gewissheiten? Gibt es die auch?
O ja! Einer Sache bin ich mir gewiss: meiner grenzenlosen Bewunderung für den Menschen, der es immer und immer wieder schafft, großartige Dinge zu tun. Immer wieder entdeckt er etwas.
Derselbe Mensch ist aber auch zu den abscheulichsten Dingen fähig …
Natürlich!
Wieso überwiegt aber dann bei Ihnen die Bewunderung?
Ach! (Schweigen) Weil ich sonst sehr traurig wäre.

Er sagt auch, bei einem Schriftsteller, den er für den Satz maßlos bewundere, habe er die Formulierung gefunden, der Mensch sei ein Wesen von untröstlicher Heiterkeit.
Das sei absolut genial.

Man kann nicht leben, wenn man nicht heiter ist. Selbst wenn alles danebengeht, gibt es noch das Heitere. Man könnte es auch Lebensfreude nennen oder Seinsfreude. Und ohne Trost – das ist man sowieso; man ist vollständig untröstlich. Ich bin beides …

Ist das nicht wunderbar? Dass man begreift, dass es etwas gibt, über das man sich eigentlich nicht hinwegtrösten kann, dass man es dennoch versucht, dass es immer wieder nicht gelingt und dann aber wieder doch. Und versteht: Man kann beides sein, untröstlich und heiter, zugleich oder nacheinander, wie auch immer. Es geht nicht nur um das Ernste *oder* das Heitere, sondern um beides zusammen.

Es geht ums Ganze.

Vielleicht kann man festhalten: Wenn man die Sache ernsthaft betrachtet, ist unser Leben ohne Heiterkeit nicht möglich. Wir wären eben sonst sehr traurig, und wem würde das nützen? Und was wäre das für ein Leben: immer traurig? Retten würde es uns nicht.

Nun einige weitere Fragen.

Wie macht man das, heiter zu sein? Was heißt das genau? Was kann man tun? Wie geht man mit dem Leben um, mit seinen Fragen an uns?

Aus dem, was ich bei der Betrachtung von Sempés Bildern empfinde, auch aus dem, was er gesagt hat, ergibt sich einiges: Wenn es stimmt, dass man nicht leben kann, ohne heiter zu sein, dann muss ich diese Heiterkeit wichtig nehmen. Ich sollte nicht warten, dass sie um die Ecke kommt und mich befällt, sondern ich muss mich bemühen, nach ihr suchen, sie als immer vorhandene Möglichkeit des Lebens betrachten.

Das ist vielleicht das Wichtigste. Ich erinnere mich, dass Loriot auf die Frage, ob die Deutschen weniger

Humor hätten als andere Völker, einmal gesagt hat: Nein, das glaube er nicht. Sicher sei aber: Sie nähmen ihn nicht so wichtig wie andere.

Vielleicht ist es so mit der Heiterkeit. Fast hätte ich gesagt, man müsse sie ernst nehmen, woran man, wenn man es nicht schon wüsste, gesehen hätte, dass ich tatsächlich Deutscher bin.

Ich nehme sogar die Heiterkeit ernst.

Aber da ist noch etwas anderes, die stupende Freundlichkeit nämlich, die Sempé den Menschen in seinen Bildern entgegenbringt, das Mitgefühl: im anderen immer erst einmal jemand zu sehen, der eine Sehnsucht hat, etwas Gutes möchte, ein gutes Leben, einen Mitmenschen also, mit dem man mehr teilt und von dem einen weniger trennt, als man auf den ersten Blick meint. Der zunächst mal kein Gegner ist, der zu bekämpfen wäre, sondern nur jemand, der sich genauso wie man selbst oder ganz anders durchs Leben kämpft. Das ist nicht naiv, es heißt nicht, dass wir nicht um das Bösartige, das Gemeine, Fiese, Dumme und Schmutzige wüssten.

Es heißt nur, was Sempé gesagt hat: Es gibt das Gute, es gibt Menschen, die daran teilhaben – und vielleicht sind es mehr, als wir glauben.

Mag sein, dass dies die Voraussetzung für alles andere ist.

Was aber könnte dieses andere sein? Worum geht es noch bei unserem Thema? Einige Aspekte scheinen nahezuliegen. Das Lachen, der Witz, Komik, Alkohol, Humor, Lächeln, Freundlichkeit.

Ein paar andere haben möglicherweise auf den ersten Blick nicht so viel mit dem Thema zu tun. Die kleinen Dinge, die Distanz, die Selbstvergessenheit, der Trost, die freien Räume.

Klingt eigenartig?

Wir werden sehen.

4

Beginnen wir mit dem anscheinend Nächstliegenden, dem Lachen. Das verbindet erst mal jeder mit dem Heitersein. Aber ist die Verbindung so ohne Weiteres richtig?

Mir fällt, als ich darüber nachdenke, Umberto Ecos Buch *Der Name der Rose* ein und der Film, den Jean-Jacques Annaud als Regisseur und Bernd Eichinger als Produzent daraus gemacht haben. 1986 kam er in die Kinos.

Ich sehe ihn noch einmal an.

Die Handlung spielt in einer düsteren, abgelegenen Benediktiner-Abtei im kalten und grauen Norden Italiens. Der Franziskaner-Mönch William von Baskerville (Sean Connery) und sein Adlatus, der Novize Adson von Melk, gespielt von Christian Slater, treffen hier ein, um an einem Disput mit Abgesandten des Vatikans teilzunehmen. Es soll, wie man hört, als diese Debatte beginnt, um die von der Christenheit voller Ungeduld erwartete »Antwort auf die quälende Frage« gehen: Waren sie sein Eigentum, oder waren sie es nicht, die Kleider, die Christus am Leibe trug?

Das ist am Ende Nebensache. Der Disput wird ohnehin abgebrochen.

Denn William und Adson sind, kaum angekommen, mit einer Serie von mysteriösen Todesfällen unter den Mönchen konfrontiert, die sich – beide ermitteln wie Sherlock Holmes und Dr. Watson – als Serienmorde herausstellen, welche nach dem Auffinden der zweiten Leiche unter den Brüdern zu einer Massenpsychose führen. Einige Umstände weisen nämlich Parallelen zur Johannes-Apokalypse auf, na ja, Parallelen …

In diesem Fall wird ein Toter in einem Bottich mit Blut gefunden. Weil es in der Johannes-Apokalypse nach dem Erklingen der zweiten Posaune heißt, »die See wurde ein Meer von Blut«, ruft einer: »Und siehe da, hier ist Blut.« Und fährt fort: »Und wenn erschallt die dritte Posaune, wird ein brennender Stern in die Wasserströme herabfallen.«

Im Grunde sind also die einzigen Parallelen das Wort *Blut* und dann noch ein Hagelsturm – aber das reicht, damit sich die Benediktiner betend in eine Weltuntergangspanik hineinsteigern. Johnny Cash hätte seine Freude daran gehabt.

In Wahrheit aber ist im Turm der Abtei ein Werk von Aristoteles verborgen, sein *Zweites Buch der Poetik*. Im ersten hat er sich mit der Dichtung beschäftigt, der Tragödie und dem Epos vor allem, im zweiten (jedoch verschollenen) Band soll es um die Komödie gehen, das

Lachen und das Lächerliche, die Heiterkeit. Dieses Buch kennen wir nicht, seine Existenz wird seit eh und je nur vermutet. Umberto Eco hat daraus einen Roman gemacht, in dem diese *Poetik 2* eben in der Abtei liegt, verborgen – und dabei sollte es nach dem Willen des blinden Mönchs Jorge de Burgos bleiben. Er glaubt, wenn die Menschen erführen, dass sie lachen könnten und dürften, wäre die Macht des Glaubens erschüttert, bedroht und gefährdet – und das werde sein Ende sein, also: das des Glaubens.

Da haben wir den Mörder!

Gemach!

Weit vorm großen Finale kommt es zum Zusammentreffen von William und Jorge in der Bibliothek. William hatte ein Buch entdeckt, dessen Illustrationen einen Esel als Lehrer der Bischöfe, den Papst als Fuchs und den Abt als Affen zeigten. Daran hatte einer der Mönche gearbeitet. Plötzlich läuft eine Maus durch den Raum, einer kreischt vor Schreck, alle anderen lachen. Und es erscheint, als William noch blättert, das scheußliche, von Fanatismus verzerrte Gesicht des blinden Jorge. Er spricht: »Das Lachen ist ein teuflischer Wind, der die Gesichtszüge aufs Unnatürlichste verzerrt und die Menschen wie wilde Affen aussehen lässt.«

»Ehrwürdiger Jorge«, kontert William milde lächelnd, »Affen lachen nicht, Lachen ist eine Eigenart des Menschen.«

»So wie die Sünde!«, ruft Jorge. »Christus hat nicht gelacht.«

»Können wir da so sicher sein?«

»Es steht nichts in der Heiligen Schrift darüber, dass er es je tat.«

Dann behauptet Jorge, der zweite Band der aristotelischen Poetik sei nie geschrieben worden.

Diese Lüge entlarvt William. Am Schluss stehen Adson und er in der so geheimen wie riesigen Bibliothek im Turm der Abtei vor Jorge de Burgos mit dem einzigen Exemplar der *Poetik 2*. Jorge hat, so stellt sich heraus, die Seiten des Buches vergiftet. Jeder, der eine berührt, stirbt eines qualvollen Todes, zumal sich die Mönche beim Umblättern oft auch die Finger mit der Zunge benetzen und so das Gift in sich aufnehmen.

»Was ist so beunruhigend daran, wenn Menschen lachen?«, fragt William.

Der Blinde ruft: »Lachen tötet die Furcht. Und ohne Furcht kann es keinen Glauben geben. Wer keine Furcht vor dem Teufel hat, der braucht keinen Gott mehr.«

Natürlich, so sagt er, würden die einfachen Leute in ihrem Alltag immer lachen. »Aber was geschieht, wenn die Gelehrten auf Grund dieses Buches behaupten, es sei erlaubt, über alles zu lachen? Können wir auch über Gott lachen? Also werde ich das, was nie hätte gesagt werden dürfen, nun für ewig verschließen im Grab meines Körpers.«

Spricht es und beginnt, die Seiten aufzuessen. Wobei ihm zu Hilfe kommt, dass die Bibliothek bald in lodernden Flammen steht, Flammen, die das noch erhaltene restliche Buch, auch Jorge und damit die in Jorges Körper schon enthaltenen vergifteten Seiten, alle anderen Bücher und den Turm selbst verschlingen. William von Baskerville rettet aschegeschwärzten Gesichts einige kostbare Werke aus dem Feuer, nicht jedoch den tausend Jahre alten Aristoteles, der damit für immer verschwunden ist.

Tatsächlich dreht sich Ecos Roman um eine Frage, die im Mittelalter eine uns heute nicht mehr vorstellbare Rolle spielte: Soll und darf der Mensch lachen oder nicht? Im Christentum wurden die Haltungen zweier antiker Philosophen wieder aufgenommen. Aristoteles vertrat, wie wir gesehen haben, die Auffassung, das Lachen sei genuin menschlich, *proprium hominis,* darin eben unterscheide er sich vom Tier. Platon verurteilte das Lachen, es gehöre zum Niedersten, was der Mensch tun könne. Er ist sozusagen der Urvater aller Humorlosen dieses Planeten.

Im Mittelalter wurde daraus die Debatte, die Eco schildert, wobei herrschend wohl eigentlich die Ansicht war, der Mensch und insbesondere der Mönch solle nicht lachen, er müsse vielmehr ernsthaft sein. Der französische Historiker Jacques Le Goff hat sich mit diesem Thema in seiner Studie *Das Lachen im Mittelalter* ausführlich beschäftigt. Dass Jesus nie gelacht habe, war der Ausgangspunkt aller entsprechenden Regeln, und weil er Gottes Sohn sei, dürfe es auch der Mensch nicht tun.

Die sogenannte *Regula Magistri*, die *Magisterregel*, lange der wichtigste Kodex für mönchisches Verhalten, ging von der Prämisse aus: »Das Bauwerk des Menschengeschlechts ist unser armseliges Körperchen«, das *corpusculum*, »das erbärmliche Kleid der Seele«, wie Gregor der Große das nannte, als Gregor I. Papst von 590 bis 604, ein ausgesprochener Vielschreiber, dessen Texte im Mittelalter weit verbreitet waren.

In jedem Körperlein, im Herzen nämlich, wohne die Seele, über die Fenster der Augen und das Tor des Mundes mit der Außenwelt verbunden. Und genau über diese Fenster und dieses Tor könne die Sünde nach innen gelangen. Damit ihr dies nicht gelinge, habe der Mönch das Tor zu verschließen, habe zu schweigen, und wenn er das nicht tue, dann nur zu gewissen Stunden und mit Erlaubnis des Abtes – und auch dann habe er sich in würdigen Worten zu äußern. »Leichtfertige Späße aber, albernes und zum Lachen reizendes Geschwätz stellen wir unter ewigen Verschluss und erlauben nicht, daß der Schüler zu solchen Reden den Mund auftun darf.« Das Gute müsse im Körper bleiben und ihn auch verlassen können, dem Bösen aber seien beide Richtungen zu versperren. So werde verhindert, dass der Teufel den Körper zum Werkzeug mache.

Wir sehen, mit welchen Mitteln man versuchte, das Unwillkürliche, das Wilde, Anarchische, Befreiende, bisweilen alle Regeln Sprengende, zur Zügellosigkeit Neigende und damit Herrschaftsfeindliche des Lachens zu unterdrücken – was bisweilen zu einer regelrechten Scholastik des Lachens führte, dessen Existenz nun einmal nicht zu leugnen und dessen Ausbruch nicht immer zu bezwingen war. Weshalb auch die Mönche mit Sicherheit gelacht haben, wie Le Goff nachweisen konnte – nur eben verschämt, heimlich und mit schlechtem Gewissen. In einer vom Heiligen Columban dem Jüngeren verfassten Regel hieß es: »Wer in der Versammlung, d. h. im Gottesdienst, heimlich lacht, wird mit sechs Schlägen bestraft. Wenn er laut lacht, wird er fasten, außer er hat es in einer entschuldbaren Form getan.«

Ludwig IX., der Heilige, der als französischer König seinen Untertanen als freundlich und witzig galt, löste das Problem in schönster Weise.

Er lachte freitags nicht, eine Art Lachfasten.

Wohingegen wir heute die ganze Woche lang über die mittelalterlichen Verstiegenheiten lachen könnten. Dass man den Kram geglaubt hat …

Vielleicht wird man in fünfhundert Jahren aber auch über uns lachen. Falls, wie gesagt, noch jemand da ist, der lachen kann. Und möchte.

5

Lachen tötet die Furcht. Lachen befreit. Ist das alles?

Lachen hat sehr oft zwei Seiten, die der Lachenden und die andere, die der Ausgelachten nämlich.

Eine Geschichte aus meiner Zeit in der Grundschule. Ein Vormittag, eine Feier in der Aula.

Ich war zu dieser Zeit der Klassenbeste, am allerbesten in Deutsch, weshalb mir die Aufgabe zufiel, vor allen Eltern auf der Bühne ein Gedicht aufzusagen. Ich übte es daheim, übte und übte und konnte es schließlich. Aber als ich dort oben stand, vor mir in der ersten Reihe meine Eltern und die Lehrerin, war es mir komplett entfallen. Jede einzelne Zeile musste mir die Lehrerin von unten soufflieren.

Die Leute im Saal lachten sich kaputt. Es war auch der reine Slapstick.

Ich denke an die Gesichter meiner Eltern da unten vor mir. Die Erwartung, mit der sie mich betrachteten und immer betrachtet haben: Du sollst der Beste sein, du sollst es weit bringen, gut, dass du da oben stehst. Aber gleichzeitig sah ich in ihren Augen nicht das Wohlwollen, das ich hätte erwarten können, den Zuspruch.

Ich sah die blanke Angst.

Was ist, wenn der Junge es nicht schafft, jetzt? Und was geschieht überhaupt eines Tages, wenn er Erfolg hat, oben steht – und dann geht etwas schief? Was werden die Folgen sein, wenn er sich (und uns!) blamiert? Wenn er aufsteigt – und fällt? Wenn er von allen ausgelacht wird?

Genau das ist in der Schul-Aula passiert. Lachen hat die Angst nicht getötet. Es hat sie überhaupt erst verursacht.

Der französische Philosoph und spätere Nobelpreisträger Henri Bergson veröffentlichte im Jahr 1899 in der *Revue de Paris* seinen bald berühmten Essay *Le Rire*, *Das Lachen*. Darin ging er der Frage nach, warum und worüber Menschen eigentlich lachen. Eine seiner grundlegenden Thesen war die von der sozialen Funktion des Lachens.

Um das zu verstehen, müssen wir Bergson erst einmal ein wenig folgen. Er fragt zunächst, *wo und wie* wir lachen und trifft dazu drei Feststellungen. Erstens gebe es nichts Komisches außerhalb dessen, was menschlich sei. Eine Landschaft könne schön, lieblich, großartig, langweilig oder hässlich sein, komisch sei sie nie. Auch über ein Tier lache man nur, wenn man einen menschlichen Zug oder Ausdruck an ihm entdecke.

Zweitens sei das Lachen mit einer gewissen Empfindungslosigkeit verbunden, es bedürfe einer »vorübergehenden Anästhesie des Herzens«, Gleichgültigkeit sei das natürliche Element der Komik. »Ich will nicht behaupten«, so Bergson, »daß wir über einen Menschen, für den wir Mitleid oder Zärtlichkeit empfinden, nicht lachen könnten – dann aber müßten wir diese Zärtlichkeit, dieses Mitleid für eine kurze Weile unterdrücken.«

Und zum Dritten brauche das Lachen ein Echo, es sei »etwas, das immer weiter um sich greift, etwas, das mit einem Ausbruch beginnt und sich rollend fortsetzt wie der Donner im Gebirge«. Je voller der Saal, desto lauter lache das Publikum. Jeder von uns weiß, wie ansteckend Lachen sein kann, und jeder weiß auch, wie ausgeschlossen man sich irgendwo fühlen kann, wenn man nicht mitlacht.

Ich weiß es besonders gut, seit ich in der Aula stand, mein Gedicht nicht konnte und mich nicht nur ausgelacht fühlte, sondern es tatsächlich war.

Lachen vereint Menschen also – aber das hat einen Preis. Es braucht eben oft einen anderen Menschen, über den man lachen kann. Lachen vereint die Menschen leider manchmal durch Ausschluss anderer. Es kann höhnisch und verächtlich sein. Und ja, natürlich, auch hingegeben und unglaublich frei, befreiend. Manchmal jedoch ist es fies, ekelhaft. Es schließt ein, aber es schließt auch aus.

Das klingt herzlos und ist es auch.

Allerdings gibt es etwas zu bedenken: Es ist sozusagen, auch das schrieb Bergson, nie der ganze Mensch, über den gelacht wird. Es sind bestimmte Eigenschaften, die uns lachen lassen. Viele Lustspiele tragen deshalb eine solche Eigenschaft im Titel: *Der Geizige, Der eingebildete Kranke* und so weiter. Man lacht, weil eine Eigenschaft das Verhalten eines Menschen dominiert, es wird zu einer Art Laster, das dann die Hauptfigur einer Komödie ist – der Mensch hänge, so Bergson, sozusagen nur dran an dieser Eigenschaft. Man lacht nicht eine Person aus, sondern verlacht *den* Geiz oder *die* Eitelkeit oder *die* Gier.

Nehmen wir den Monty-Python-Sketch *The Ministry of Silly Walks*, in dem eine Behörde nur aus Leuten besteht, die sich in diversen seltsamen Gangarten, unter anderem im Stechschritt, bewegen – das dominiert alles andere und ist unfassbar lustig: wie Menschen in ihrer Art zu gehen gefangen sind.

Oder Gerhard Polts Monologe, den über Tennis zum Beispiel. Das grundlegende Gemeine, Fiese, Brachiale vieler Polt-Figuren wird hier zunächst – wie von einer dicken, doch langsam bröselnden Schicht Farbe – lange überdeckt von der Lobpreisung des Tennissports, seiner Eleganz und Fairness und *Aristokratik* und tiefen Sportlichkeit, die *basic education* sei, das Erlernen von *social behaviour* und Selbstbeherrschung. Aber diese Fassade hält nicht, im Verlauf des Redens bricht sich die Brutalität im Inneren des Mannes Bahn. Es zeigt sich, was in ihm steckt und sich nicht im Zaum halten lässt, weil es alles dominiert. Es lässt sich nicht verbergen vom zerfallenden Schaum des Tennis-Lobes, unter dem blanker Hass und ungezügelter Egoismus sichtbar werden.

Eine Schlammlawine von Flüchen löst sich, *Sie Amsel, Sie blöde, Sie ghörn doch rausghaut, so was wie Sie, mit der Scheißbürschtn ghörn Sie doch rausghaut, du Blunzn, du blöde, du Brunzkachl, du ogsoachte,* ach, es ist herrlich, und ich verzichte auf eine Übersetzung für Nichtbayern. Aber ich versichere: Es ist, wie es klingt.

Am deutlichsten wird, was ich meine, in den Parodien Loriots auf seinerzeit berühmte Zeitgenossen (oder in denen von Max Giermann heute auf Klaus Kinski oder Dieter Bohlen). Denn in einer Parodie wird eine bestimmte Eigenschaft eines Menschen so überzeichnet, dass der Mensch nur aus dieser Eigenschaft zu bestehen scheint.

Wann wäre der Professor Grzimek jemals so sehr Professor Grzimek gewesen wie in der Parodie durch Loriot, das Wesen der Steinlaus ergründend?

Wann wäre der deutsche Fernsehzuschauer jener Jahre sich selbst näher gewesen als in Loriots Sketch vom Ehepaar, das vor einem kaputten Fernsehgerät hockt, es wie gewohnt anstarrend?

Sagt der Mann: »Ich gehe nach den Spätnachrichten der *Tagesschau* ins Bett.«

Darauf sie: »Aber der Fernseher ist doch kaputt.«

Darauf er: »Ich lasse mir von einem kaputten Fernseher nicht vorschreiben, wann ich ins Bett zu gehen habe!«

Aber was ist nun die erwähnte soziale Funktion des Lachens?

Bergson nennt das Lachen eine »soziale Strafe«, sogar »eine wahre soziale Züchtigung«. Der Ausgelachte erfahre immer eine Demütigung. Lachen sei die Geste einer Gemeinschaft, die ein unerwünschtes, ihr nicht nützliches Verhalten bestrafe und »eine bestimmte Art des Abweichens vom Lauf des Lebens und der Ereignisse sichtbar macht und gleichzeitig verurteilt«. Grundlegend dabei sei »eine gewisse Steifheit des Körpers, des Charakters und des Geistes«, eine Unelastizität, in deren Folge *eine* Eigenschaft das gesamte Verhalten eines Menschen dominiere, sei es der Stechschritt, der Geiz oder eben, siehe Polt, die Brutalität oder (Loriot) unser Verharren in Gewohnheiten. Und wenn die Gesellschaft solche Verhaltensweisen als ihr nicht dienlich betrachte, bestrafe sie diese – durch Lachen.

Comedy is cruelty, Komödie ist Grausamkeit, hat John Vorhaus gesagt, ein amerikanischer Autor, der viele Drehbücher geschrieben und sich mit der Theorie von Witz und Komik beschäftigt hat. Er hat auch gesagt: *comedy is truth and pain,* Komödie sei Schmerz und Wahrheit.

Wenn jemand in einem Cartoon oder einem Film auf einer Bananenschale ausrutsche, werde gelacht, das sei grausam, die Person werde sich wehtun.

Das ist der *Schmerz*.

Die *Wahrheit* aber sei, dass die Person, die da ausrutsche, es in der Regel verdiene, sie sei nicht unschuldig. Sie habe es zu eilig gehabt, oder es handele sich um einen arroganten Menschen, dem eine Lehre erteilt werden müsse, oder um einen Höhergestellten, dem ein Sturz hinunter zu uns, den Niedrigeren, mal ganz guttue.

Bestes Beispiel ist gleich der erste Bananenfall in der Filmgeschichte überhaupt: In *By the Sea* (1915) isst Charlie Chaplin als Tramp eine Banane und wirft die Schale achtlos auf die Straße. Sekunden später rutscht er genau darauf aus, ein in mehr als einem Jahrhundert seitdem immer wiederholter und variierter Gag: unerwünschtes Verhalten (man wirft keine Bananenschale einfach auf die Straße). Schadenfreude. Strafe folgt hier buchstäblich auf dem Fuß. Immer ein Lacher.

Schmerz und Wahrheit.

Ist das damals in der Schul-Aula nur das Lachen über den kleinen Streber gewesen, der ich war, dieses nass gekämmte Unschuldslamm, das alles tat, was der Lehrerin gefiel, ihr Vorzeigeschüler? Oder war die Heiterkeit im Saal auch die jener Eltern, deren Kinder es nicht so gut hatten beim Fräulein Lehrerin mit den straff zurückgebundenen Haaren, deren Unterricht stets ein Wettkampf war? Beim Kopfrechnen mussten alle aufstehen. Wer das Ergebnis zuerst rief, konnte sich setzen. Der oder die Langsamste stand am längsten, sodass es alle sehen konnten.

Und nun war sie die Blamierte, denn ihr Klassenbester, mit dem sie sich gerne schmücken wollte, konnte kein Wort des Gedichts aus dem Kopf.

Alle lachten über mich. Aber auch – und das war möglicherweise wichtiger: über sie.

Nur wusste ich das leider nicht.

6

Aus dem Schulereignis damals habe ich zwei Dinge gelernt.

Erstens: Wenn du dich auf eine Bühne stellst, musst du wissen, was du tust. Also bereite dich vor und sei auf alles gefasst.

Zweitens: Bevor die Leute über dich lachen, lachst du am besten selbst – und zwar auch über dich selbst.

Wie geht das?

Eigentlich ist es leicht. Man muss sich nur selbst betrachten, dann wird man viele der Eigenschaften finden, die Bergson als »Steifheit des Körpers, des Charakters und des Geistes« bezeichnet hat, eine Unelastizität in vielerlei Hinsicht.

Bei mir herrscht da kein Mangel.

Zum Beispiel bin ich in vielen Dingen, die mit Technik zu tun haben, Autos, Computern, Taschenmessern und Motorsägen, nun, sagen wir: ein wenig ungeschickt, im Gegensatz zu sehr vielen anderen Männern.

Mein Buch *Ein Haus für viele Sommer* spielt in einem italienischen Dorf und handelt von einer Familie, die dort seit einem halben Jahrhundert ein Ferienhaus hat, einen uralten Turm. Ehrlich gesagt, geht es um *unsere* Familie und *unsere* Erlebnisse dort, zu denen auch der Kauf eines fünfzig Jahre alten Fiat 500 gehört, ein im Grunde einfaches, aber für uns Technikverwöhnte heute auch kompliziertes Auto, weil es keine Servolenkung hat und wegen der bei einem solchen Wagen fehlenden Synchronisierung des Getriebes mit Zwischengas gefahren werden muss, was nicht einfach ist und für einen technikaversen Typen wie mich eine große Herausforderung.

Dazu kommt, dass der Wagen nach dem Kauf durch die enge Einfahrt unserer Mini-Garage in den engen Gassen des Dorfes zu rangieren war.

Genau darum geht es in einer Geschichte, in der ich den gerade gekauften Wagen, versehen mit vielen guten Ratschlägen des Verkäufers und zahlreicher Nachbarn zum ersten Mal fahre und sowohl am Zwischengas scheitere als auch am schmalen Garagentor, sodass dieses Auto einmal sogar quer in der Gasse steckt, zwischen den Mauern zweier Häuser wie ein Pfropfen in einem Flaschenhals – man muss es dort mit vereinten Kräften herausheben.

Kurz gesagt: Ich bin der Depp, was der Wahrheit entspricht, denn im wirklichen Leben, dem ich das Kapitel abgewonnen habe, war ich es auch. Ich bin es oft. Ich muss nie viel tun. Ich muss alles nur erzählen.

Ich setze mich ins Auto, fahre vor in die Gasse, dann zurück, ganz wie der Nachbar gesagt hat. Es ist ein heißer Tag, und dieser alte Cinquecento hat keine Servolenkung. Außerdem geht immer wieder der Motor aus, und das fachkundige Publikum macht mich nervös. Ich schwitze in Strömen, kurbele, zünde, kurbele. Nach etwa zehn Minuten ist es mir gelungen, den Wagen so querzustellen, dass weder vorne noch hinten auch nur der geringste Raum ist. Die hintere Stoßstange berührt die Mauer des Hauses von Pietro, die vordere das des Nachbarn. Das Auto klemmt wie ein fester Pfropfen quer in der Gasse, wahrscheinlich für immer, ein Denkmal des lächerlichen Deutschen, der versucht hat, einen Cinquecento *in seine Garage zu fahren.*

Wenn ich das bei einer Lesung vortrage, entsteht große Fröhlichkeit im Saal, und es wird viel gelacht: über mich, beziehungsweise, um es mit Bergson zu sagen, über die Eigenschaft, an der ich als Mensch hänge: mein Ungeschick, meine Technik-Idiotie. Eigentlich ist es wie damals in der Schul-Aula. Ich bin der Gegenstand ausufernden Gelächters.

Nur dass es jetzt anders ist. Das Publikum klatscht und dankt.

Vielleicht geht es darum, zu begreifen, dass der erste Mensch, über den man im Leben zu lachen versuchen sollte, man selbst ist, natürlich nicht im Sinne von sich selbst beschämendem, verächtlichem Auslachen, sondern eben als ein Lachen über das, was Bergson gemeint hat: die Unelastizität des eigenen Verhaltens an manchen Tagen und Stellen.

Das hat etwas Befreiendes, allein weil man (in Erinnerung an die Schulgeschichte) jemanden, der schon über sich selbst gelacht hat, nicht mehr auslachen kann. Wer zuerst über sich selbst lacht, lacht am besten. Und weiter: Man legt den Ernst des Lebens für einen Moment ab wie ein schweres Gewicht.

Für alle anderen ist es wie ein Vorschlag: Sie erkennen sich in all der Steifheit und sehen, dass man darüber lachen kann.

Wenn sie über mich lachen, lachen sie auch über sich selbst.

Eine andere Geschichte: Ich habe mal eine Kolumne über einen Mann (also mich) geschrieben, der nicht, wie andere, ein Auto hat, um zur Arbeit oder in den Urlaub zu fahren, sondern um seinen Sohn (er hieß in den Geschichten Luis) zum Schlafen zu bringen. Der abends mit dem Kind im Wagen durch die Stadt fährt, und zwar immer zu den Klängen desselben Songs, der Lieblingsplatte des Kleinen: *Der Kommissar* von Falco.

Ein erfundener Text übrigens, denn so weit bin ich im wirklichen Dasein nie gegangen, dass ich den Sohn nachts herumchauffiert hätte. Aber, wie soll ich sagen? Der Text ist relativ nah an der Realität erfunden.

»Drah di net um!«, singt Falco. »Der Kommissar geht um! Wenn er di anspricht, und du waaßt, warum, sag eam: Dei Leb'n bringt di um.«

Mitten in der Geschichte heißt es:

Früher saß ich um diese Zeit oft mit meinen Freunden auf ein Bier. Heute ruft Bruno auf dem Handy an, Kneipengeräusche im Hintergrund. Ob ich noch komme.
»Ich fahre meinen Sohn durch die Stadt«, sage ich, »damit er einschläft.«
»Du … Was machst du?«
Ich höre, wie er zur Seite flüstert: »Er fährt seinen Sohn durch die Gegend, damit er einschläft.«
Brüllendes Gelächter.

Immer wenn der Mann wieder zu Hause ist und das Kind sanft aus dem Sitz zu heben versucht, wacht der Kleine auf und verlangt, weiter gefahren zu werden, weiter Falco zu hören.

Und alles beginnt von vorne.

Die Geschichte endet damit, dass dieser Mann nach vielen Fahrten endlich das Kind ins Bett legen kann. Dass seine Frau ihn fragt, warum er so schaue. Und dass er mit einem kurzen Satz antwortet.

»Mei Leb'n bringt mi um«, sagt er.

Ich hätte auch eine ganz andere Geschichte schreiben können: über einen vollkommen übermüdeten Typen, der seine Arbeit nicht mehr schafft, Streit mit seiner Frau hat, ein Leben beklagt, das er sich anders vorgestellt hat, bla, bla, bla, kurz: etwas selbstmitleidig und larmoyant. Die hätte vielleicht sogar gestimmt.

Aber wozu? Wer hätte es lesen wollen? Wer mag das schreiben?

Übrigens ist dies eine Geschichte, in der sich wirklich viele Eltern kleiner Kinder wiedererkennen können, weil sie all das Tag für Tag oder, sagen wir, Nacht für Nacht erleben. Warum schläft das Kind nicht, schläft nicht, schläft nicht? Es ist zum Verzweifeln, aber wenn man es mal so sieht, auch zum Lachen.

Und so entsteht durch das Lachen wie immer eine Gemeinschaft, aber nicht eine, die sich über andere amüsiert, sondern über sich selbst.

Und das würde ich nun heiter nennen.

Übrigens ist es so erstaunlich wie bewundernswert, wie viele Möglichkeiten der Mensch geschaffen hat, andere und sich selbst in einen Zustand zu versetzen, den man erheitert nennt: die Komödie, die Satire, das Kitzeln, den Cartoon, ja, vor sehr vielen Jahren nahm ich einmal in Bielefeld an einem Lach-Yoga-Kurs teil, in dem es ein Wochenende lang darum ging, dass die Teilnehmer ohne jeden Anlass lachten, grundlos. Ich werde davon berichten.

7

Aber vorher etwas über den Witz, der ja vielleicht die am weitesten verbreitete Form der Erheiterung ist und offensichtlich einem tiefen Bedürfnis entspricht. Es ist interessant, dass es keine dem Witz vergleichbare und ähnlich populäre Form auf der anderen Seite des Emotionsspektrums gibt.

Man stelle sich vor, jemand sagte: *Kennst du den schon?*, und dann käme eine kleine, pointierte, traurige und zu haltlosem Schluchzen veranlassende Geschichte.

Braucht kein Mensch.

Witze aber schon.

Jedenfalls folge ich auf Instagram seit Längerem der Schauspielerin Elena Uhlig. Auf ihrem Account gab es eine Weile unter dem Titel *1 Minute Leichtigkeit* eine Folge von jeweils nur eine Minute dauernden, wie soll ich es nennen: Situationen? Jedenfalls: Man sieht Frau Uhlig mit knallrot geschminktem Mund und einem stets variierten, seltsamen, komischen, aus Federn, Hütchen, Scheibchen bestehenden Kopfschmuck, links neben ihr den Lebensgefährten Fritz Karl, auch Schauspieler. Der wirkt übermüdet oder ist vielleicht gerade aufgewacht und genervt, jedenfalls fast immer vollständig unlustig. Mit ungeordnetem Haar lauscht er den Ausführungen seiner Partnerin, die in jeder Folge mehr oder weniger erfolgreich versucht, einen Witz zu erzählen.

Diesen hier zum Beispiel.

Sitzt ein Ehepaar beim Essen im Restaurant.
Er bekleckert sich und sagt: »Mann, ich sehe aus wie ein Schwein.«
Darauf sie: »Und bekleckert haste dich auch noch.«

Ich sehe und höre das und liege kreischend vor Lachen auf dem Sofa, genauso wie Frau Uhlig. Sie ist immer ihr bestes Publikum und verfügt über eine ansteckende und jederzeit abrufbare Lache, die sie in jeder Folge mit Erfolg einsetzt, auch sich selbst infizierend, so stark, dass sie oft, sich vor Lachen selbst wegwerfend, nach unten oder zur Seite aus dem Bild verschwindet, während ihr Mann verständnislos blinzelt. Vielleicht ist er einfach nicht wach genug, um über den Witz zu lachen, oder vielleicht findet er Witze einfach nicht lustig.

Was weiß ich.

Ich erzähle also den Witz meiner Frau, wobei ich vor Lachen die Pointe kaum herausbringe, sie lacht sich ebenfalls angemessen kaputt. Dann sehe ich mir fünf weitere Folgen von *1 Minute Leichtigkeit* an, lache, lache, lache.

Dann fällt mir der erste Witz nicht mehr ein.

Ich denke: Es wird damit zu tun haben, dass dieser Witz zwar witzig ist, wie es sich für einen guten Witz gehört. Dass die Geschichte, die dieser Witz erzählt, aber keinen richtigen Anknüpfungspunkt in mir findet, dass sie sozusagen in meinen Gemütszuständen nicht andocken kann. Er ist witzig für den Witzmoment, erfreulich wie eine Silvesterrakete, die nach dem Verglühen ihrer Bestandteile als nicht mehr erkennbares Überbleibsel im Garten liegt. Könnte ich mit dem Witz emotional etwas verknüpfen, wäre er mir unvergesslich.

1 Minute Leichtigkeit. Wie schön!

Und vorbei.

Vor mir liegt Sigmund Freuds *Der Witz und seine Beziehung zum Unbewußten*, Band VI der *Gesammelten Werke*, 269 Seiten plus Stichwort-Index, macht 285.

Ich bin ein bisschen müde und habe es gerade eilig, also blättere ich und fange tatsächlich an, das Buch nach *Stellen* abzusuchen, nach Witzen nämlich, also echt, bitte, das ist …

Mein Ernst jetzt? Ich grase hier eines der wichtigsten Werke Freuds nach Witzen ab, oberflächlich wie ein Gras zupfendes Schaf?!

Ein paar sind ganz gut, ein Schüttelreim zum Beispiel. Ich mag gute Schüttelreime und habe mir sogar einige gemerkt, den vom Pianisten Artur Schnabel vor allem, der ein zwanghafter Schüttelreimer war, bei einer Bergtour auf die kurzen Hosen des Bergführers zeigte und sagte:

Nacktes Knie,
knackt es nie?

Seltsam, was ich mir merken kann. Obwohl ich sonst jeden Witz immer auf der Stelle vergesse, diesen Schüttelreim nie. Auch schön ist:

Er würgte eine Klapperschlang',
bis ihre Klapper schlapper klang.

Das ist aus dem *Großen Heinz Erhardt Buch*, glaube ich.

Bei Freud aber steht nun:

Und weil er Geld in Menge hatte,
lag stets er in der Hängematte.

Mir fällt Woody Allens *Der Stadtneurotiker* ein. Er kam 1977 in die Kinos, in einer Zeit, in der die Leute in New York so besessen von den eigenen Neurosen und der diese bearbeitenden Psychoanalyse waren, dass Allen den Namen Freuds gar nicht oft genug erwähnen konnte.

Alvy Singer, die Hauptfigur, erzählt den Witz, er wolle nie einem Club angehören, »der Leute wie mich als

Mitglied aufnimmt«, und sagt, der Satz werde immer Groucho Marx zugeschrieben, stamme aber wahrscheinlich aus Freuds Werk über den Witz.

Was nicht stimmt, wie ich beurteilen kann, nachdem ich Freuds Buch gründlich gefilzt habe. Er ist von Groucho Marx.

Oder von dem auch nicht, jedenfalls nicht ganz?

Die Leute von der Internetseite *quoteinvestigator.com* (also: *Zitatermittler*) haben in einer Ausgabe der *Chicago Daily Tribune* von 1891 eine hübsche Geschichte entdeckt, die ähnlich läuft. Da unterhalten sich zwei Herren namens Jones und Ferguson.

Jones, Sie schließen besser eine Lebensversicherung bei uns ab, bevor Ihr Husten schlimmer wird.
Ich würde schon gerne, Ferguson, aber ich würde den medizinischen Test nicht bestehen.
Das geht schon in Ordnung. Ich gehöre der Prüfungskommission an. Ich mache das für Sie.
Dann würde ich nicht unterschreiben, Ferguson. Ich möchte nichts mit einer Firma zu tun haben, die meinetwegen ein Risiko eingeht.

Aber das nur nebenbei.

Freud erzählt tatsächlich reihenweise Witze, den vom Schnorrer zum Beispiel, der auf der Treppe zur Wohnung eines reichen Mannes einem anderen begegnet, der ihm abrät, seinen Weg fortzusetzen, der Baron sei heute schlecht aufgelegt, »er gibt niemand mehr als einen Gulden«.

Er werde dennoch hingehen, entgegnet der Erste. »Warum soll ich ihm den einen Gulden schenken? Schenkt er mir 'was?«

Oder diesen, er könnte von Karl Valentin sein.

Ein Herr kommt in eine Konditorei und läßt sich eine Torte geben; bringt dieselbe aber bald wieder und verlangt an ihrer Statt ein Gläschen Likör. Diesen trinkt er aus und will sich entfernen, ohne gezahlt zu haben. Der Ladenbesitzer hält ihn zurück.
»Was wollen Sie von mir?«
»Sie sollen den Likör bezahlen.«
»Für den habe ich Ihnen ja die Torte gegeben.«
»Die haben Sie ja auch nicht bezahlt.«
»Die habe ich ja auch nicht gegessen.«

Am Beginn des Buches steht aber eine Geschichte, die Freud bei Heinrich Heine entdeckte (beziehungsweise bei anderen Autoren, die sich auch schon mit Heines Anekdote in *Die Bäder von Lucca* beschäftigt hatten). Dort gibt es nämlich die Gestalt »des Lotteriekollekteurs und Hühneraugenoperateurs Hirsch-Hyazinth«, eines ganz und gar nicht wohlhabenden Mannes, der sich dennoch seiner guten Beziehungen zum reichen Baron Rothschild rühmt und zuletzt sagt:

> *Und so wahr mir Gott alles Gute geben soll, Herr Doktor, ich saß neben Salomon Rothschild und er behandelte mich ganz wie seinesgleichen, ganz* familionär.

Das ist ziemlich typisch für die Art Witz, die Freud immer wieder einstreut. Seine Witztheorie geht von der Traumdeutung aus, und die hat bisweilen nicht wenig mit Sprache zu tun: Ganze Kaskaden sprachlicher Assoziationen schildert er, nicht immer leicht zu verstehen, oft sogar ein bisschen gewollt erscheinend, aber bitte.

Vor diesem Hintergrund (und nicht nur vor diesem) musste Freud natürlich eine sprachliche Leistung gefallen, wie sie sich in der Wortschöpfung *famillionär* zeigt, zumal sie auch noch in Heines persönliche Lebensgeschichte zurückweist. Denn der hat sich in der Person des Hirsch-Hyazinth selbst karikiert. Heinrich litt lange darunter, nur zur armen Verwandtschaft seines reichen Onkels Salomon Heine in Hamburg zu gehören, er hätte gerne eine von dessen Töchtern geheiratet, wurde abgewiesen und fühlte sich stets etwas *famillionär* behandelt.

8

Freuds *Traumdeutung*, sein sicher wichtigstes Werk, erschien am 4. November 1899. Es war erst einmal ein Reinfall.

In den Jahren nach 1900 wurden 228 Exemplare verkauft, 600 waren gedruckt worden. Freuds für die Psychoanalyse grundlegende Theorie, wonach die Interpretation von Träumen der Königsweg zum Wissen über das Unbewusste des Seelenlebens sei, weil mit jedem Traum unbewusste Wünsche erfüllt würden, diese Theorie also galt seinen zeitgenössischen ärztlichen Kollegen als Humbug. Sein eigener Freund Wilhelm Fließ, eigentlich Spezialist für Erkrankungen der Nase (auch lustig bei dem Namen), mit dem Freud seine wegweisende Selbstanalyse gemacht hatte, schrieb ihm nach Lektüre des Manuskripts, es enthalte viele »schlechte Witze«.

Freud entgegnete: »Daß der Träumende zu witzig ist, ist sicher richtig, aber es trifft weder mich, noch motiviert es einen Vorwurf. Alle Träumer sind ebenso unausstehlich witzig und sie sind es aus Not, weil sie im Gedränge sind, ihnen der gerade Weg versperrt ist.« Sie verheddern und verhaken sich in den oft unerklärlichen

Assoziationen ihres Unbewussten, drehen sich im Kreis, weil sozusagen die Tür zum Bewusstsein verschlossen ist und damit der Weg zu Klarheit und Erklärung. Erst die Traumdeutung im Rahmen der Analyse öffnet diese Pforte heraus aus dem Chaos des Unbewusstseins.

Freud schrieb aber dann: »Immerhin gab mir dieser Vorwurf Anlaß, die Technik des Witzes mit der Traumarbeit zu vergleichen …«

So entstand, fünf Jahre nach der Traumdeutung, *Der Witz und seine Beziehung zum Unbewußten*.

Ich habe das Buch dann doch gelesen. Es ist nicht so einfach zu verstehen wie *Das Buch der 1000 Superwitze* – wobei: Freud schrieb ja gut, er war 34-mal für den Nobelpreis vorgeschlagen (den er nie bekam), davon 33-mal in der Sparte Medizin und einmal auch in der Literatur-Abteilung.

Für Freud war in einem Witz wie dem, den er bei Heinrich Heine fand, sehr gut sichtbar, was das Charakteristikum von Witzen schlechthin ausmacht: das Wortspiel, die Kürze, die Prägnanz, die Sinnverschiebung, die Verdichtung, die Abweichung vom üblichen Denken, übrigens auch das Hinkonstruieren auf eine Pointe, die man vorher nicht ahnen kann, eine bestimmte *Form* also, ohne die Witze nicht funktionieren. Er sah hier die Parallele zu dem, was in Träumen geschieht, die Herkunft aus dem Unbewussten zum Beispiel. Denn der Lotterieeinnehmer war sich ja nicht im Klaren darüber, dass er mit seiner unbeabsichtigten Wortkonstruktion eine Wahrheit ausdrückte und damit schuf, was man vulgo eine *Freud'sche Fehlleistung* nennt: unbeabsichtigte Äußerungen, die auf der bewussten Ebene lustig, seltsam, sinnlos wirken mögen, aber durch den Bezug zum Unbewussten durchaus einen Sinn ergeben.

Diese Herkunft aus dem Unbewussten machte für Freud den Sinn des Witzes aus: eine Umgehung von Verdrängungen und Hemmungen, die für einen Moment Spaß macht, Lachen hervorruft oder, in seiner Terminologie: Lustgewinn. Freud sagt, wer Freude an einem Witz hat, wer ihn macht oder wer über ihn lacht, der gewinnt Lust aus dem »ersparten Hemmungsaufwand«. Will man das etwas moderner ausdrücken, könnte man sagen: Mithilfe des Witzes spart man sich die ganze Energie, die man benötigt, um Konventionen, Verdrängungen et cetera aufrechtzuerhalten, für einen Moment jedenfalls, in dem man direkten Kontakt zu dem findet, was man tief drinnen empfindet, die Lust am Obszönen oder die an der Aggression zum Beispiel.

Es ist eine Erleichterung.

Wenn es um die Aggressionen geht: Da fand ich ein schönes Beispiel in dem Büchlein *Über den Witz* des Germanisten Wolfgang Preisendanz. Es erschien 1970 und enthält den Text seiner Antrittsvorlesung an der Universität Konstanz.

G. B. Shaw sandte Winston Churchill zwei Karten zur Uraufführung seines neuen Stückes mit dem Begleitschreiben: »Come to my play and bring a friend, if you have a friend.« *Auf der Stelle schrieb Churchill zurück:* »I'm busy for the opening, but I'll come on the second night, if there is a second night.« *(Shaw: Kommen Sie zu meiner Aufführung und bringen Sie einen Freund mit, falls Sie einen Freund haben. Und Churchill: Zur Premiere kann ich nicht, aber ich komme am zweiten Abend, falls es einen zweiten Abend geben sollte.)*

Wobei, um das anzumerken, der Witz immer etwas Soziales ist. Man muss ihn jemandem erzählen, er stiftet dann eine Gemeinschaft der Lachenden – oder auch nicht, denn es gibt immer Leute, die etwas nicht witzig finden, über das andere sich kaputtlachen. Und nichts entfremdet Menschen einander – jedenfalls für den Moment – mehr als dieses: dass sie nicht über das Gleiche zu lachen in der Lage sind. Wer je seinen Lieblingswitz erzählte und danach in ein leeres Gesicht blickte, der weiß, welche Abgründe uns trennen können.

Aber ich will mich hier nicht in der Theorie des Witzes verlieren, an der viele kluge Leute gearbeitet haben, an Theorien des Komischen auch. Am Witz und am Komischen interessiert uns in der Regel die Praxis. Und mit der Theorie des Witzes ist es, als würde man jemandem, der seit einem Monat nichts Gutes mehr gegessen hat, ein Kochbuch von Eckart, ähem, *Witzigmann* vorlesen.

Und doch wüsste ich gerne, warum ich bisweilen einen Witz zum Kaputtlachen gut finde, nach zehn solcher Witze aber Überdruss empfinde.

Hat es damit zu tun, dass der Witz für den Augenblick gemacht ist wie eine Praline oder ein Schnaps? Dass einem nach größerer Menge übel wird, weil man die ständige Durchbrechung der Konvention nicht mehr erträgt? Sie ist dann ja nur noch die Wiederholung eines Gefühls, das man gehabt hat und nun kennt, sodass es keine Überraschung mehr ist. Der Witz lebt aber von der Verblüffung.

Er ist deshalb ein hervorragender Weg, aus dem Ernst des Lebens auszusteigen, finde ich. Aber dieser Weg führt nicht sehr weit. Ein heiterer Mensch wird man dadurch nicht, eher ist es so, dass man nach einer Weile des Witzehörens das Gefühl hat, auf der Stelle zu treten. Man bekommt im Grunde Fremdstoffe zugeführt, deren Wirkung schnell nachlässt. Oder gar nicht eintritt.

Übrigens geht es mir persönlich ähnlich mit dem Alkohol. Ich habe als Jugendlicher und junger Mann Exzesse in dieser Hinsicht erlebt, immer wiederholte Versuche, den Ansprüchen des Lebens, dem Leistungsdruck und der Unfreiheit zu entkommen, wirksam für genau eben diesen Abend, jedoch im Prinzip sinnlos. Denn am nächsten Tag war ja alles wieder da, nur eben nun begleitet von Müdigkeit und trommelnden Kopfschmerzen, später gelegentlich begleitet von Panikattacken, denn die Lebensangst war von der Disziplin in Schach gehalten worden, der Alkohol aber ließ sie von der Leine wie einen wütenden Kettenhund.

Mehr als ein oder zwei Gläser trinke ich seitdem nie, ich bin dann *an*geheitert – so wie ein Witz mich *er*heitert und die Gesellschaft von guten Freunden mich in der Regel *auf*heitert.

Zum heiteren Menschen macht mich alles drei nicht.

9

Und was war jetzt mit dem Lach-Yoga?

Ich war zu Beginn des Jahrtausends nach Bielefeld gefahren, um dort an einem Kurs teilzunehmen, der *Lachträning mit William* hieß, und darüber in meinem Buch *Deutschlandalbum* zu schreiben. William war unser Kursleiter. Er hieß Wilhelm August Drucks. Aber *Lachen mit Wilhelm, mit August, mit Willi*, das hätte nicht gepasst, sagte er. *Lachen mit Herrn Drucks* wäre auch schwierig gewesen. William, das klinge gut.

Wir waren sieben, mit William acht.

Er erklärte uns, wie gesund Lachen sei, dass es das Immunsystem aktiviere, Stress abbaue, Glückshormone zirkulieren lasse, Spannungen verschwinden mache. Und weil das so sei, müsse man lernen, ohne äußeren Anlass zu lachen, sich unabhängig zu machen und das Lachen, das jederzeit in uns stecke, auch jederzeit herauszulassen. Es sei ihm darum zu tun, Körperflüssigkeiten in Gang zu bringen, »die innere Fließfähigkeit«, dabei der Lehre des indischen Arztes Madan Kataria folgend, der das Lach-Yoga erfunden habe.

Wir begannen mit Übungen. Sollten die Mundwinkel nach oben ziehen. Und dann auch die Augenbrauen. Die Arme nach oben strecken. Dabei die Handflächen dehnen.

Gutes Gefühl, oder?

Sein Vater habe ihn mit einer Anekdote aus der Militärzeit erheitert. Da sei der Hauptmann vor die Kompanie getreten und habe gerufen:

»Wie lacht der deutsche Soldat?!«

Die Kompanie habe wie ein Mann gebrüllt: »Ha!«

So sollten wir es jetzt auch machen, nicht wie Soldaten natürlich, ganz zivil. Wir rissen drei Mal die Arme nach außen und riefen jedes Mal »Ha!«, dann ein viertes Mal, bei dem wir, Williams Bitte entsprechend, in ein langes, lautes, befreites Lachen ausbrachen.

Na ja, es ging so, vor allem, weil William uns herzlich, vergnügt und laut etwas vorlachte. Da lachten wir mit.

Dann holte er eine grüne Tafel hervor, auf der stand in gelben Buchstaben untereinander:

Hihihi
Hohoho
Hahaha

Ich dachte an den Witz vom Fußballtrainer, der nach einem katastrophalen Spiel seiner Mannschaft in der Kabine einen Ball hochhält und sagt: »Männer, wir müssen ganz von vorne anfangen. Das hier ist ein Ball.« Schweigen. Dann meldet sich einer von hinten und sagt: »Können Sie ihn noch mal zeigen?«

Dann machten wir es so: Wir sagten laut *Hihihi* und klatschten dabei in die Hände, dann sagten wir *Hohoho* und klatschten gegen die Hände eines anderen aus der Gruppe, dann sagten wir *Hahaha* und drohten dem anderen spielerisch mit dem Zeigefinger.

Nun war ich froh, in Bielefeld zu sein, wo mich keiner kannte.

Wir machten eine Übung nach der anderen. Wir übten das *aufschwingende Lachen*, bei dem man die Hände vom Boden in den Himmel reißt und dabei in Lachen ausbricht. Wir machten den *Rasenmäher:* Dabei streckt man den linken Arm aus, tut mit dem rechten so, als risse man die Anlasserschnur eines Motormähers, und schreit dabei *Ra!* Das machten wir drei Mal, beim vierten: LACHEN! Wir machten das *Über-sich-selbst-Lachen*, das war wirklich komisch, wir standen nach dem Mittagessen in einem Bielefelder Park und sollten über uns selbst lachen, es ging ganz leicht, acht Leute standen im Kreis auf dem Rasen, lachten über sich selbst und konnten kaum aufhören. Ab und zu kam ein Bielefelder vorbei und schaute verlegen zur Seite.

Am Schluss lagen wir alle auf dem Rücken am Boden, jeder mit dem Kopf auf dem Bauch eines anderen. Und machten den *Lachteppich*. Zehn Minuten lang lachten wir, es war das Albernste, was ich je getan habe, aber es war okay.

Das alles hatte zwei Tage lang einige nervende und ein paar amüsante Momente. Wie viele Deutsche machte auch Drucks aus der Sache eine Grundsatzfrage, wies Mal um Mal darauf hin, dass die Ernsthaftigkeit der Welt überwunden werden müsse, dass die Heiteren sie eines Tages besiegen würden. Und wie ebenfalls viele Deutsche ging er die Sache so gründlich an, dass er uns darauf hinwies, dass Menschen mit Herzproblemen oder Hämorrhoiden, auch mit Bluthochdruck und Bandscheibenvorfällen, vorsichtig sein sollten mit dem Lachen und dass es übrigens am Steuer eines Autos gefährlich sein könne, in Lachen auszubrechen.

Ich verließ Bielefeld mit dem Gefühl der Rührung angesichts der Mühen der Menschen dort.

Andererseits, so schrieb ich dann auch in meinem Buch: Wo Drucks recht habe, habe er recht. Irgendwie könne man einem tendenziell schlecht gelaunten Volk nicht oft genug sagen, dass das Hochziehen der Mundwinkel nicht nur Folge guter Laune sei, sondern dass es gute Laune auslösen könne, bei einem selbst und bei anderen. Das müsse man probiert haben. Sich selbst morgens im Spiegel eine Minute lang anlächeln!

Mache ich heute noch manchmal. Es wirkt.

Übrigens ist es ja mit dem Lächeln ähnlich wie mit dem Lachen: nicht so einfach, wie man zunächst denkt. Lächeln ist manchmal eine Maske, etwas Unverbindliches, das gewisse Leute auf- und absetzen können wie einen Hut. Gelegentlich ist es undurchdringlich, ja, es kann einem das Blut in den Adern gefrieren lassen wie bei Jack Nicholson in *Shining*. In anderen Fällen (und vielleicht grundsätzlich) ist es ein Ausdruck von Entspanntheit und Freundlichkeit wie, sagen wir, beim Dalai Lama.

Und vor allem ist es nicht nur ein Ausdruck inneren Befindens, sondern immer ein leises, freundliches, verbindendes Zeichen an andere.

»Lachen tötet die Furcht«, hatte der blinde Mönch Jorge in *Der Name der Rose* gerufen.

Und was ist mit dem Lächeln?

Es fällt auf, dass Sean Connery als Bruder William nie lacht, aber sehr oft lächelt. Er ist Franziskaner, und das Lächeln war ein Attribut des Heiligen Franziskus von Assisi, des Ordensgründers, der zu seinen Mitbrüdern gesagt hatte: »Zeigt in allen Leiden und denen gegenüber, die euch quälen, ein lächelndes Gesicht.«

Könnte es also sein, dass ein Lächeln die Furcht besiegt? Oder dass jedenfalls das Lächeln der Ausdruck dessen ist, der sie niedergerungen hat? In jedem Fall scheint es eine Ausdrucksmöglichkeit dessen, dem das Leben und seine Wechselfälle nicht so viel anhaben können wie anderen. Es gehört zum Gesicht eines heiteren Menschen.

Manchmal sehe ich bei meinen Lesungen in die Gesichter vor mir. Ich sehe Lächeln, Lachen, Konzentration, Versunkenheit, Offenheit, Interesse, Neugier, Ernst, ganz nach Lage und Text. Immer wieder sind da Menschen, denen das Lächeln grundsätzlich abhandengekommen zu sein scheint, im Lauf eines Abends huscht es nicht einmal übers Gesicht. Manchmal konzentriere ich mich auf eine solche Miene, ich denke: Es muss doch möglich sein … Und freue mich, wenn ich am Ende auch diesen Lippen, Augen, Wangen ein Lächeln abgerungen habe.

Klappt nicht immer.

Was ist nur los?, denke ich dann.

Als ich meine Frau gerade kennengelernt hatte, es ist Jahrzehnte her, stellte sie sich manchmal vor mich hin und lächelte mich an. Dann gingen ihre Zeigefinger zu meinen Mundwinkeln und zogen sie nach oben, sie malte ein Lächeln in mein Gesicht. Ich merkte, dass mein unwillkürlicher Gesichtsausdruck oft der mit den hängenden Mundwinkeln war, ja, dass ich, ohne es zu bemerken, ähnlich aussah, wie ich es bisweilen bei Leuten in meinem Publikum beobachte: die nach unten statt nach oben gebogenen Mundwinkel.

1962 erschien ein Roman von James Krüss, *Timm Thaler oder Das verkaufte Lachen* hieß er. Es ging um einen Jungen, Timm Thaler eben, der mit einem sinistren Baron einen teuflischen Pakt eingeht: Timm verkauft ihm sein Lachen und erhält als Gegenleistung die Garantie, dass er nun im Leben jede Wette gewinnen wird. So kommt es. Aber Timm wird natürlich nicht glücklich damit. Der Roman beschreibt seinen Kampf darum, das eigene Lachen wiederzubekommen.

Ist es so ähnlich mit uns, mit *manchen* von uns? Haben wir unser Lächeln verkauft? Was haben wir dafür bekommen? Haben wir es am Ende verschenkt? Verloren im täglichen Kampf? Oder einfach vergessen?

Wie war das bei Williams *Lachträning*? Lachen ohne Anlass? Es war, unter uns gesagt, so rührend wie betulich, so verkrampft wie seltsam.

Wie wäre es aber mit Lächeln ohne Anlass?

Ich habe mir in den vergangenen Jahren erstens peu à peu angewöhnt, Menschen nach Möglichkeit grundsätzlich mit einem Lächeln zu begegnen, und zweitens, auch wenn ich allein bin, an meinen Gesichtsausdruck zu denken. Lächeln wirkt nach innen wie nach außen. Es heitert den Lächelnden auf und den Angelächelten auch.

Lächeln kann eine Kettenreaktion in Gang setzen. Man lächelt jemanden an, er lächelt zurück, so kommt ein Lächeln in die Welt und wandert weiter. Man muss halt anfangen.

Ich weiß, das hört sich jetzt nach Lebenshilfe und Li-La-Laune-Tipp für einen schöneren Alltag an. Kann sein. Aber das lächele ich jetzt einfach mal weg.

10

Ich schlage eine Zeitschrift auf. Ein Zitat von Peter Ustinov leuchtet mir entgegen.

»Humor ist einfach eine komische Art, ernst zu sein.«

Das ist schön, finde ich, und es stimmt.

Aber warum stimmt es? Wie stimmt es?

Ich sitze in einer Bäckerei, habe mir im Café-Bereich einen Platz zum Arbeiten gesucht und gehe vor zum Tresen, um Kaffee zu holen. Es ist früh, die Verkäuferin hat gerade begonnen, sie muss die elektronische Kasse in Betrieb nehmen, das klappt nicht richtig.

Sie seufzt: Das könne ja heiter werden heute.

Das erinnert mich an einen Witz, den Sigmund Freud erzählt. Ganz am Schluss der *Traumdeutung* kommt er nämlich auf den Humor zu sprechen, dem er später, 1927, einen eigenen Aufsatz widmen wird. Den wiederum beginnt er mit einem Witz, dem vom Verbrecher, der am Montag zum Galgen geführt wird und auf dem Weg dorthin sagt:

»Na, die Woche fängt gut an.«

An die heitere Todesverachtung, die darin liegt, hat er einige Gedanken über den Begriff des Humors geknüpft.

Zwar handele es sich hier, schreibt er, zunächst mal um einen Witz. Aber es gehöre Humor dazu, einen solchen Witz zu machen, der Galgenhumor des Verbrechers.

Er schreibt: »Mich, den unbeteiligten Zuhörer, trifft gewissermaßen eine Fernwirkung der humoristischen Leistung des Verbrechers; ich verspüre, vielleicht ähnlich wie er, den humoristischen Lustgewinn.«

Solchen Lustgewinn hätte Freud vermutlich auch bei zwei ganz ähnlichen Witzen verspürt, die ich dem schon zitierten Buch *Heilkraft des Humors* des Therapeuten Titze entnehme.

Erstens: Ein Todeskandidat sitzt angeschnallt auf dem elektrischen Stuhl. Der Gefängnisdirektor fragt nach seinem letzten Wunsch. Er antwortet: »Ja, wenn Sie bitte meine Hand halten könnten.«

Zweitens: Einem anderen Todeskandidaten wird vor der Hinrichtung Gelegenheit zu einem letzten Wort gegeben. Er sagt zum Henker: »Sagen Sie dem Richter, dass mir das alles eine Lehre sein wird.«

Humoristische Leistung? Worin liegt sie?

Vielleicht könnte man sagen: Es geht hier um das Ignorieren des Schicksals, nein, das Verspotten des Todes im Angesicht desselben, was an die eingangs gestellte Frage erinnert, wie viel die Heiterkeit mit unserer Angst vor dem Tod zu tun haben könnte.

Man macht sich einen Spaß daraus, dass das Leben nun mal ist, wie es ist. Man erspart sich all die üblen Gefühle, zu denen die Situation Anlass genug gäbe – und lächelt stattdessen, fündig geworden auf der Suche nach einer Euphorie, einer reinen Freude, die nichts anderes sei, so Freud in einem seiner schönsten Sätze, »als die Stimmung einer Lebenszeit, in welcher wir unsere psychische Arbeit überhaupt mit geringem Aufwand zu bestreiten pflegten, die Stimmung unserer Kindheit, in der wir das Komische nicht kannten, des Witzes nicht fähig waren und den Humor nicht brauchten, um uns im Leben glücklich zu fühlen«.

Es gibt offensichtlich auf dem Lebensweg Abzweigungen, an denen man sich entscheiden muss (oder kann), nicht die Route der Kümmernis zu nehmen, sondern die des Lachens. Oder jedenfalls des Lächelns.

Hier die richtige Entscheidung zu treffen, sich gegen das Leiden am Leben zu entscheiden, das genau sei eben die humoristische Leistung, schreibt Freud. Deshalb habe der Humor nicht nur etwas kurzzeitig Befreiendes wie der Witz oder die Komik, »sondern auch etwas Großartiges und Erhebendes«.

»Das Großartige«, so Freud, »liegt offenbar im Triumph des Narzißmus, in der siegreich behaupteten Unverletzlichkeit des Ichs. Das Ich verweigert es, sich durch die Veranlassungen aus der Realität kränken, zum Leiden nötigen zu lassen, es beharrt dabei, daß ihm die Traumen der Außenwelt nicht nahegehen können, ja es zeigt, daß sie ihm nur Anlässe zu Lustgewinn sind«.

Humor, so Freud, sei eine Möglichkeit, Leiden abzuwehren und sich damit übler Wirklichkeit zu entziehen. Damit stehe er in einer Reihe mit anderen Methoden, die das menschliche Seelenleben ausgebildet habe, um dem Zwang zum Leid auszuweichen: der Neurose, die im Wahnsinn gipfele, dem Rausch, der Selbstversenkung, der Ekstase. Anders als diese verlasse er aber nicht den Boden seelischer Gesundheit.

Um das besser zu verstehen, müssen wir uns kurz mit Freuds Begriff vom Ich befassen, zu dessen Kern das Über-Ich gehört. Dieses Über-Ich ist oft eine strenge Instanz, Erbe der Eltern – und es behandelt auch das Ich eines Erwachsenen noch wie ein Kind von oben herab. In dem, was Freud aber nun die »humoristische Einstellung« nennt, wechselt genau dieses Über-Ich plötzlich aus der kalten, überwachenden Rolle in eine andere: Mit einem Mal ist es kein »gestrenger Herr« mehr, sondern liebevoll, tröstend, eigentlich so, wie man sich seine Eltern wünscht oder gewünscht hätte. Es sagt, so Freud: »Sieh' her, das ist nun die Welt, die so gefährlich aussieht. Ein Kinderspiel, gerade gut, einen Scherz darüber zu machen!«

Das hat nie die blitzartige Intensität der Lust am Witz und am Komischen, seine Äußerungsform ist kaum das kreischende Lachen, und es braucht dazu auch keinen Partner, niemanden, dem man etwas erzählt und den man dadurch zum Lachen bringt. Der Scherz, den der Verbrecher auf dem Weg zum Galgen macht, ist nur oberflächlich betrachtet ein Witz. Vielmehr reflektiert er eine trotzige Einstellung gegen die Unbill der Realität, eine Behauptung des Ichs gegen die Zumutungen der Welt.

Der Humor hat sein Zentrum im Inneren der einzelnen Person, es geht um eine Sache, die man mit sich selbst abmacht, eine Haltung der Welt gegenüber. Und was der Witz in uns auslöst, ist nur ein Echo, eine Kopie dessen, was im Inneren dessen geschieht, der eben diesen Witz gemacht hat – und vielleicht sogar die Erkenntnis einer Möglichkeit, der Beginn eines Lernprozesses: Sieh mal an, so kann man das auch sehen.

Eine Haltung, die nicht jedem gegeben sei, so Freud, es handele sich um »eine köstliche und seltene Begabung«.

Aber was können wir tun, um die Begabung in uns zu fördern?

Nun, möglicherweise erst mal das, womit wir gerade beschäftigt sind: sie überhaupt zu verstehen.

Vielleicht kann man sagen: Der Witz hat mit dem Begriff der Heiterkeit, um die es hier geht, nicht viel zu tun, der Humor aber umso mehr. Denn einen Witz kann man jederzeit erzählen, es handelt sich um eine situationsunabhängige Geschichte. Das erklärt ja, warum das Dauererzählen von Witzen einem leicht zuwider werden kann und ein schales Gefühl von Langeweile und Unberührtsein erzeugt, dieses *Was geht mich das an?* Auch das leichte Vergessen aller Witze würde daher rühren.

Guter Humor aber beginnt in der Zeit, in der jemand lebt, er setzt sich mit dieser Zeit auseinander, er ist eine Reaktion auf das Leben in ihr. Er kann seine tröstliche Wirkung nur entfalten, wenn er eine Verbindung hat zu dieser Zeit, zum Leiden an ihr.

Humor zu haben, bedeutet also nicht: immer lustig zu sein. Im Gegenteil, die Immerlustigen können ziemlich humorlos sein. Es gibt Witzerzähler, die gekränkt sind, wenn man nach zehn Witzen nicht mehr lacht, weil die Witze gar nichts mit der eigenen momentanen Stimmung zu tun haben. Es gibt Trinker, die den, der nicht mittrinken mag, weil er dem Rausch nichts abgewinnen kann, als Spaßbremse verhöhnen.

Es gibt eine Art von Heiterkeit, die den Ernst des Lebens bloß überspielen will, verdrängen, wegschieben. Das ist nicht die Art, um die es hier geht. Wir beschäftigen uns mit einer ganz bestimmten Art und Weise, dem Ernst des Lebens zu begegnen.

Wir beschäftigen uns mit der komischen Art, ernst zu sein.

II

Erinnerst du dich an Armin Laschet?, fragt M., mein Freund.

Selbstverständlich, sage ich. Warum?

Er war bei den Bundestagswahlen 2021 Kanzlerkandidat der Union. Das war ohnehin schwierig, er war von vorneherein nicht übermäßig beliebt bei vielen Leuten. Dann besuchte er im Juli des Jahres Erftstadt in Nordrhein-Westfalen, zwei Tage nach der Hochwasserkatastrophe, bei der dort Häuser weggerissen worden und Menschen gestorben waren. Er war zusammen mit dem Bundespräsidenten Steinmeier gekommen. Der hielt in Erftstadt eine kurze und sehr ernste Rede …

… und Laschet lachte, sagte ich.

Genau. Seine Kanzlerkandidatur war in diesem Moment erledigt, sie war nicht mehr zu retten, obwohl (oder auch weil) Laschet ab sofort nur noch eine wandelnde Entschuldigung war. Die Umfragewerte gingen von diesem Tag an bergab für die Union. Am Ende hatte sie das schlechteste Bundestagswahlergebnis ihrer Geschichte.

Alles wegen eines Lachens.

Na ja, sicher nicht nur deswegen. Ich glaube, sehr viele

Leute hatten immer das undeutliche und möglicherweise berechtigte Gefühl, der Mann habe nicht das Format für das Amt, er sei irgendwie ein Luftikus, ein Leichtgewicht, und dieses Empfinden fand seinen perfekten Ausdruck im Bild vom lachenden Laschet im Hochwassergebiet.

Dabei war er doch nur heiter in schwierigen Zeiten gewesen, oder? Worüber hatte er eigentlich gelacht?

Das wusste man damals erst mal nicht so richtig, sagte M. Natürlich hatte er sich nicht über den Bundespräsidenten oder die Flutopfer amüsiert. Irgendwo habe ich gelesen, Laschet habe mit seiner Entourage abseits des Präsidenten gestanden, ihn auch nicht hören können und natürlich nicht gewusst, dass er im Visier von Fotografen war. Und da habe er dem örtlichen Landrat scherzhaft vorgeworfen, der habe Steinmeier mit »Herr Steinmeier« begrüßt und nicht als »Herr Bundespräsident« – worauf der Landrat entgegnet habe, er sei halt überrascht gewesen, dass der »auch so klein ist wie du«. Darauf habe Laschet gelacht, nicht als Einziger auf dem Bild übrigens.

War natürlich blöd, sagte ich.

Selbstverständlich, sagte M. Andererseits: Manchmal lacht man eben, eine Anspannung löst sich. Stimmte die Geschichte mit dem Landrat, wäre es noch dazu ein begrüßenswerter Fall von Selbstironie gewesen. Es gibt auch Beerdigungen, auf denen gelacht wird, und es sind nicht die schlechtesten. Was mich beschäftigt, ist die Gnadenlosigkeit der Reaktion, das Vernichtende damals. Nicht mal der größte Laschet-Gegner konnte geglaubt haben, er lache über Steinmeier oder die Flutopfer. Was sind das für Zeiten, in denen ein Lacher eine Wahl entscheidet?

Es sind jedenfalls an gewissen Orten und unter bestimmten Leuten strenge Zeiten, sagte ich. Es geht nicht nur um Laschets Lachen. Was für eine Hölle brach über die beiden jungen Leute herein, die zur Klimaprotest-Bewegung gehörten, aber eine Flugreise nach Südostasien gebucht hatten! Was für ein absurdes Entschuldigungstheater musste die Berliner Grünen-Spitzenkandidatin Bettina Jarasch veranstalten, nachdem sie auf einer Landesdelegiertenkonferenz spontan auf die Frage, was sie als Kind gerne geworden wäre, geantwortet hatte: Indianerhäuptling!

Kann es richtig sein, dass heute ein unbedachter Tweet eine Karriere beenden kann, der Lebensleistung ungeachtet? Sollte es wirklich so sein, dass unser Zusammenleben immer mehr von Vorsicht geprägt wird und von der Angst, bloß nichts Falsches zu sagen? Müssen wir akzeptieren, dass richtige Anliegen (Anti-Rassismus, Klimaschutz, Gleichberechtigung, Inklusion) in einer Atmosphäre manchmal puritanischer Selbstgewissheit durchgesetzt werden?

Was all diesen Ereignissen gemeinsam ist: Es ging nicht um etwas wirklich Politisches, sondern um individuelles Verhalten – als wäre es dieses Verhalten, das die Welt ändern könnte, und nicht die Politik. Und zweitens:

Es wird eine Unnachsichtigkeit im Umgang mit diesem individuellen Verhalten sichtbar, die unsere Zeit von anderen unterscheidet. Es hat Zeiten gegeben, in denen die Menschen nie etwas erfahren hätten von Laschets Lachen, der Reise der jungen Leute oder Jaraschs Bemerkung.

Wir leben in einer Epoche der Bilder. Und in der Ära der sozialen Medien, die voller Bilder sind. In diesen Medien werden nicht Nachsicht, Milde und Gelassenheit belohnt, sondern immer das Gegenteil: Wut, Gebrüll und der Ruf nach Strafe. Diese Emotionen verbreiten sich auf Facebook, Twitter und anderswo wie ein Virus in einer vollgepackten Diskothek. Es handelt sich hier keineswegs um Gefühle einer Mehrheit unserer Gesellschaft. Aber: Sie beherrschen oft deren Atmosphäre. Wer über Laschet sagen würde: »Hat er halt am falschen Ort gelacht, was soll's?«, oder über die Bali-Reisenden: »Sind halt junge Leute, die zur Inkonsequenz neigen«, oder über Jarasch: »Mein Gott, es war vielleicht ein falsches Wort, entspannt euch!« – der kann auch gleich schweigen.

Er kommt mit seiner Gelassenheit (die der Heiterkeit übrigens mindestens verwandt ist) nicht an gegen das Gelärme. Wie soll man auch gelassen brüllen?

Kommen wir ein letztes Mal zu Freud zurück. Der hatte geschrieben, es sei interessant, dass wir mithilfe des Humors unser Über-Ich nicht als strenge, sondern als liebevoll tröstende Instanz kennenlernten.

Der österreichische Philosoph Robert Pfaller hat einmal gesagt, genau dieser warmherzige, humorvolle Aspekt des Über-Ichs sei heute vielen Menschen verloren gegangen, sie lebten unter einer tyrannischen, distanzlosen, humorfreien (und, wie ich hinzufügen würde, unheiteren) Herrschaft: permanent unter Druck. Humor sei die Fähigkeit des Menschen, so Pfaller, »auf sich selbst aus einer erhöhten Position herunterzublicken und über sich – d.h. über die eigenen Dummheiten, Drolligkeiten, Ungeschicklichkeiten, Verfehlungen, Geschmacklosigkeiten und andere Verletzungen der eigenen Prinzipien – liebevoll zu lächeln«, aus der Perspektive des Über-Ichs nämlich.

Und weil die Menschen das bei sich selbst nicht mehr so recht können, gelingt es ihnen schon gar nicht bei anderen.

Ist das so?

Ich finde, das ist nicht so leicht zu sagen, weil wir in keiner einheitlichen Gesellschaft leben. Was in großstädtischer Umgebung unter jungen Leuten gilt, hat unter Gleichaltrigen auf dem Land keine große Bedeutung. Die bayerische Kabarettistin Monika Gruber, deren Spezialität es ist, sich in einer bisweilen dämlich-selbstgefälligen Art über veganes Essen, Begriffsverbote und Gendersprache zu belustigen, wird in Niederbayern oft bejubelt, in Berlin tritt sie vermutlich eher selten auf. Debatten über Diversität, Inklusion, Gendern kommen in vielen Dörfern nur als Grundrauschen einer fremden Welt an.

Ist ja auch die Frage, ob das schlecht ist.

Man sollte übrigens nicht den Fehler machen, das, was in den sozialen Medien geschieht, für die *ganze* Wirklichkeit zu halten. Viele Menschen tangiert, was dort geschieht, nicht im Allergeringsten.

Andererseits: Ein großer Teil unseres Lebens ist es doch. Und mit Laschets Karriere war es nach dem Lacher vorbei. Er bekam die Gnadenlosigkeit der Welt zu spüren. Mag sein, dass das in seinem Fall richtig gewesen ist. Wer nach oben will, darf nicht über dünne Höhenluft klagen.

Trotzdem gefällt es mir nicht, grundsätzlich.

Das – und nicht nur das – wirft die Fragen auf: Warum gibt es so wenig Lächeln über kleine Fehler, kaum Nachsicht, keine Entspanntheit im Umgang miteinander? Woher kommt dieser Grimm im öffentlichen Umgang, die oft auch kalkulierte und gepflegte Feindseligkeit? Oder, um Freud und Pfaller zu folgen: Warum leben wir unter der Tyrannei eines lieblosen Über-Ichs?

Der amerikanisch-britische Soziologe Richard Sennett hat 1977 ein Buch geschrieben, das auf Deutsch später unter dem Titel *Verfall und Ende des öffentlichen Lebens. Die Tyrannei der Intimität* erschien. Zu seinen Thesen gehörte, sehr verkürzt: Der Mensch verhalte sich im öffentlichen Raum ursprünglich anders als im Privaten, er schauspielere dort gewissermaßen, stelle sich keineswegs als authentische Person dar, sondern als einer, dem es nicht um sich, sondern um die öffentliche Sache gehe. Dies unterscheide den *public man* von der *private person*, so wie man in der antiken griechischen Demokratie den an Staatsangelegenheiten teilnehmenden Bürger von dem unterschied, der sich für nichts als seine privaten Dinge interessierte, dem *idiotes*, dem wir unser Wort *Idiot* verdanken. In der Öffentlichkeit sei man deswegen keineswegs unbedingt die Person, die man *wirklich* sei, sondern eine, die *etwas darstelle*.

Genau diese Art des öffentlichen Raumes, so Sennetts Analyse, sei aber in unserer Zeit zerstört worden, weil das Intime, Persönliche ihn gleichsam erobert habe. Was wir gemeinhin Postmoderne nennen, so hat der erwähnte Robert Pfaller geschrieben, sei sozusagen die Herrschaft des Privaten im Öffentlichen und damit »eine soziale Ermunterung zum Asozialen; ein gesellschaftlicher Aufruf zum individuellen Narzissmus«. Pfaller hat darüber seinerseits ein Buch geschrieben, *Wofür es sich zu leben lohnt*, in dem er sehr lesenswert die Ursachen und Folgen beschreibt und ergründet.

Ich möchte einen Aspekt davon herausgreifen, den des Narzissmus. Immer mehr steht, wie wir gesehen haben, in der Mitte unserer Debatten nicht eine Sache, sondern eine Person. Man könnte argumentieren, dass darin angesichts der unfassbaren Kompliziertheit der Welt eine Logik liegt. Wo man etwas rational nicht versteht und nicht verstehen kann, konzentriert man sich auf das, was jeder zu kapieren glaubt: Gefühle.

Es ging also um Laschets Lachen, nicht um seine Politik. Es ging in den Jahren zuvor um Donald Trumps kaputte Psyche, um seine irren Tweets, um seine ausgesuchte Dämlichkeit und Gemeinheit, eher selten um das, was er tatsächlich tat, politisch, meine ich. Es geht heute bei uns sehr oft um mögliche Verletzungen, die anderen durch bestimmte Begriffe zugefügt werden könnten. Es geht um Kränkungen, ausgelöst durch Unbedachtheiten, falsche Wörter. Es geht um etwas im Grunde Privates, das im Mittelpunkt der Öffentlichkeit steht, immerzu.

Um ein weiteres Beispiel zu wählen: Menschen kleiden sich heute in der Öffentlichkeit, wie sie sich früher allenfalls daheim angezogen hätten: bewusst nachlässig, schlampig, informell. Vorstandsvorsitzende laufen in Turnschuhen herum und duzen ihre Untergebenen. Menschen treten draußen auf, als wären sie drinnen. Das gilt als echt, als authentisch. Man will so sein, wie man wirklich ist. Jede Talkshow ist voll zur Schau gestellter Gefühle.

Dagegen wäre nichts zu sagen, im Gegenteil. Es ist großartig, dass man Depressionen nicht mehr unbedingt verstecken muss. Es ist auch richtig, dass wir nicht mehr als Trampeltiere durch die Gegend laufen, die bei jeder

Gelegenheit andere unbedacht mit ihren Worten verletzen.

Allerdings hat es Folgen, natürlich. Denn wenn Menschen früher in der Öffentlichkeit anders auftraten als zu Hause, in einer Rolle also, die sie für die Öffentlichkeit spielten, und wenn sie heute in dieser Öffentlichkeit ganz sie selbst sein wollen, dann ist auch jede Kritik, die man an ihnen in der Öffentlichkeit übt, nicht eine an ihrer Rolle, sondern an ihnen selbst.

Und das heißt: Sie kann schnell eine Kränkung sein.

Weil das so ist, drehen sich viele Debatten immerzu um dieses Persönliche und dessen Verletzungen, echte und vermutete, um angebliche und tatsächliche rassistische Beleidigungen, um *Bodyshaming*, Grenzüberschreitungen et cetera. Wir leben in einer Welt permanenter Kränkungen und dauernden Gekränktseins, in einer Ära des Narzissmus. Alles und jedes geht Menschen sehr nahe. Man kann gerade bei jungen Leuten beobachten, wie sorgsam sie miteinander und mit anderen umgehen, respektvoll, höflich – und wie soll man das anders finden als großartig?

Aber habe ich nicht geschrieben, dass Heiterkeit viel mit der Distanz zu sich selbst zu tun hat? Wenn das so ist, dann muss man feststellen, dass unsere Zeiten vom Ernst geprägt sind – und nicht von der Gelassenheit. Wo man ständig darauf achten muss, dass man nicht in ein Minenfeld tritt, in dem man nicht nur sich selbst, sondern vor allem andere verletzen würde, da ist das Leben von Vorsicht bestimmt, nicht von Entspanntheit.

Und die Frage, die sich jede und jeder selbst stellen müsste, ist: Will ich wirklich so sein, dass mich alles und jedes ständig verletzt? Wäre es nicht schöner, ich könnte über manche Unbedachtheit oder Büffeligkeit oder Andersartigkeit lächeln und mich anderen Dingen zuwenden?

Wir leben in ernsten und auch anstrengenden Jahrzehnten. Die Folgen kann man überall beobachten, in den Praxen der Psycho- und auch der Physiotherapeuten, den psychiatrischen Kliniken, den Wellness-Hotels und Wochenendseminaren der Yoga- und Meditationslehrer. Selbst der Lebensgenuss will ja heute gelernt sein, in Wein-Seminaren und Öl-Verkostungen, alles ist hohen Ansprüchen untergeordnet. Es gibt Familien, in denen man nicht mehr einfach zum Essen zusammensitzen kann, weil man die Ansprüche von Veganern, Vegetarierinnen und Fleischfreunden vereinbaren muss und dabei auch noch Grundsatzdebatten zu führen hat. Man ist schon froh, wenn kein Steinzeitköstler dabei ist.

Aber wenn es so ist, dann ist es eben so. Dann hilft es wohl wenig, irgendwann zu schreien: Kann man denn hier nicht mal mehr gemeinsam essen, was auf den Tisch kommt?!?! Dann akzeptiert man am besten, wie die Dinge liegen, jeder isst, was er mag – und fertig. Das Leben ist heute eben kompliziert, es gibt Schlimmeres. Solange genug zu essen da ist, sollten wir uns nicht beschweren.

Meine Großmutter, Tochter eines Gastwirts und eine ausgesprochen heitere Person, sagte immer: »Du musst im Leben jeden so verbrauchen, wie er ist.« (Und wie er isst, könnte man jetzt hinzufügen.)

»Hilft ja nichts!«, fügte sie gerne hinzu.

Der Zeitbefehl heute lautet: Sei authentisch! Dulde nichts, was nicht ganz du selbst bist! »Die Folgen«, so Pfaller, »sind Unfähigkeit zum Genuss, Erschöpfung, Depression, Ängstlichkeit, Hass auf das Glück des anderen und politischer Beuteverzicht.«

Was er mit politischem Beuteverzicht gemeint hat, habe ich nie verstanden – aber sonst? Ist was dran, oder?

Der Journalist Jens Jessen hat 2022 in einem Essay in der *Zeit* eine »neue Schwere, einen Geist der Unlustigkeit« in jüngeren Filmen beschrieben, auch im Fernsehen oder im Theater, das sich von jeder verspielten Dialogkunst verabschiedet habe. Alles, was sich nicht offen als Satire oder Comedy präsentiere, sei »von biederem Ernst«. War es nicht so, dass in den sechziger und siebziger Jahren eine ganze Jugendgeneration die älteren Herrschaften in ihrem Ernst und ihrer Spießigkeit verspottete? Erhob sich damals nicht geradezu die Heiterkeit gegen die Generation der hängenden Mundwinkel?

Wer einen Film jener Jahre wie *Zur Sache, Schätzchen* von May Spils mit Uschi Glas und Werner Enke heute sieht, muss verblüfft sein von der Leichtigkeit und Entspanntheit, mit der Leute damals ihr Handwerk ausübten.

Noch neun Jahre später kam Woody Allens *Der Stadtneurotiker* in die Kinos, in dem sogar der Weltuntergang seinen Platz hat.

Da sitzt in einer Rückblende der kleine Alvy Singer mit seiner Mutter beim Psychiater. (Der erwachsene Comedian und komische Autor Alvy Singer ist die Hauptfigur des Films.)

»Er ist plötzlich so depressiv«, sagt sie. Und er mache keine Hausaufgaben mehr, habe an nichts Interesse.

Der kleine Alvy erklärt, es habe doch alles keinen Sinn: »Das Universum expandiert. Das Universum umfasst alles. Und wenn es eines Tages expandiert, bricht alles auseinander. Und dann ist Feierabend.«

»Aber das geht dich doch gar nichts an«, schreit die Mutter. »Du bist hier in Brooklyn. Und Brooklyn expandiert nicht.«

»Und das wird es auch in Millionen von Jahren nicht, Alvy«, pflichtet der Arzt bei. »Und wir müssen uns daran freuen, solange wir es nur können.«

Er lacht ein finsteres, höhnisches, gutturales Lachen.

Als ein viel späterer Film Woody Allens, *Magic in the Moonlight,* 2014 startete, sagte der Regisseur im Prinzip noch mal dasselbe wie einst Alvy Singer: »Eines Tages wird das ganze Universum verschwinden. Das Leben hat kein Ziel, das Leben hat keinen Sinn. Alles fliegt auseinander mit unvorstellbarer Geschwindigkeit. Und wenn es kein Licht und keine Luft mehr gibt, was dann? Das Leben erlischt in einer Mikrosekunde. Das ist die schreckliche Wahrheit.«

O mein Gott, ja, so ist das. Aber dafür, dass es so ist, hat Woody Allen viele heitere Filme gedreht.

Heute, schreibt Jessen, »sieht es so aus, als habe sich alles verkehrt und empöre sich die Jugend ihrerseits über die Leichtfertigkeit und Leichtlebigkeit der Alten«. Angehörige meiner Generation verehren (wie ich auch) in der Regel Woody Allen als einen Meister der Filmkunst. Jüngere sehen in ihm oft bloß eine zweifelhafte Figur mit verachtenswerten sexuellen Präferenzen.

Etwas habe sich, so Jessen, geändert, »etwas ist durchgängig auf Moll gestimmt worden«.

Kein Wunder angesichts dessen, was uns bevorzustehen scheint. Diese Jugend, so Jessen, stehe vor einer »Zukunft ererbter Zwangslagen«, allen voran die Erderwärmung. Muss es einen wundern, wenn junge Leute gegen die Lässigkeit, mit der die Alten die Welt zuschanden gemacht haben, eine neue Beschwertheit setzen? Könnte es nicht sein, so fragt noch mal Jessen, dass die Verbotskultur der Jungen, die sich entwickelt habe, so etwas wie deren letzte Waffe gegen die Macht der Senioren sei, deren Einschüchterung als Machtmittel? Wenn es um Minderheiten und kolonialisierte Völker gehe, dann finde sich die Jugend in einer Art Identifikation mit eben jenen wieder. Sie ist selbst eine Minderheit und ein fremdbestimmter Teil, »notorisch übergangen und an den Rand gedrängt« (Jessen) in einer Gesellschaft, die auf brutale Weise seniorenzentriert ist – wie wir zuletzt in den Corona-Jahren sahen, in denen Kindergärten, Schulen, Hochschulen rücksichtslos geschlossen wurden, weil es galt, *die Alten zu schützen.* Im Mitfühlen mit allen Machtlosen spiegelt sich, so gesehen, die eigene Machtlosigkeit wider. Und wo jeder Spaß leicht die Empfindlichkeit zu Recht sensibler anderer stört, da ist für Heiterkeit kein Platz mehr.

12

Als ich ein kleiner Junge war, hatte *Der Stern* eine Kinderbeilage namens *Sternchen*, in der ein Zeichner namens Loriot mit Versen von Wolf Uecker die Geschichten von *Reinhold, dem Nashorn*, veröffentlichte, 17 Jahre lang.

Reinhold war mir wie ein lieber Freund. Im April 1956, drei Monate nach meiner Geburt, erschien eine Folge (die ich natürlich als Baby nicht zur Kenntnis nahm, sondern so richtig erst mehr als vierzig Jahre später, als ich anlässlich einer Preisverleihung eine Laudatio auf den vom halbwegs bekannten Zeichner zum verehrten Meister gereiften Loriot hielt), 1956 also erschien eine Folge, in der Reinhold – ein rotes Nashorn übrigens – sich irgendwie beschmutzt hatte und deshalb zu einer chemischen Reinigung ging, deren Besitzer er fragte:

Sagen Sie mir, guter Mann,
ob man mich entflecken kann?

Der Mann stopfte das rote, fleckige Nashorn darauf in einen Reinigungskessel und sprach:

Oh, gewiss, nur keine Scheu,
nachher sind Sie gänzlich neu!

Als Reinhold die Reinigung verließ, waren die Flecken allerdings noch da, seine rote Farbe aber war weg. Traurig sagte er:

Gänzlich neu… wie sonderbar,
nur der Dreck blieb, wo er war.

Der *Stern* erhielt darauf mit Einschreiben einen Brief des *Hauptverbandes Färberei und chemische Reinigung in der Bundesrepublik Deutschland e. V.*, in dem es unter anderem hieß:

Sie werden uns sicherlich nicht absprechen wollen, daß wir Sinn für Humor haben. Hier jedoch handelt es sich um eine offensichtliche Herabsetzung und Verächtlichmachung des Chemisch-Reinigungs-Gewerbes, und wir sehen bei dieser Entstellung der wirklichen Verhältnisse eine Schadenszufügung für unser Gewerbe in besonderem Maße darin, daß dem jugendlichen Gedächtnis solche Darstellungen sehr leicht haften bleiben.

Heute, fast ein Menschenalter später, ist man geneigt, auch diesen Brief für eine Erfindung Loriots zu halten, vor allem die wunderbare Wendung *Sie werden uns sicherlich nicht absprechen wollen, daß wir Sinn für Humor haben* mitten in einem komplett humorlosen Text.

Das klingt ja wie bei Loriot, ist eine stehende Redewendung geworden, der man häufig begegnet. Jeder von uns findet in seinem Werk immer etwas von sich selbst, seinen Verwandten, seinen Nachbarn, seinem Alltag. Andererseits findet man nach Jahrzehnten Loriot'schen Schaffens in diesem Alltag eben auch Loriot wieder. Das Leben der Deutschen und seine Persiflierung durch den Autor sind eine nicht mehr zu trennende Verbindung eingegangen.

Einerseits.

Andererseits hat der Mann eben auch diesen Alltag verändert, der, wie wir gesehen haben, auch nicht in jeder Hinsicht von Humor geprägt war – und er tat dies durch nichts anderes als stupende Heiterkeit. Ein Brief wie der zitierte ist kaum noch denkbar, solch penetrante Humorlosigkeit werden sich ein Verband und ein Unternehmen nur selten leisten.

Als Loriot im *Stern* mit seiner Arbeit begann, zeichnete er unter anderem die berühmte Serie *Auf den Hund gekommen*, in der Hunde und Menschen quasi gegeneinander ausgetauscht wurden und beispielsweise auf einem Sofa eine strickende Hündin und ein Hund (mit einer Katze auf dem Schoß) beisammensaßen, während ein Mann eintrat, den Teppich mit schmutzigen Schuhen befleckend.

Sagt die Hündin zum Hund: »Alles, was er macht, ist sinnlos.«

Hier und bei ähnlichen Zeichnungen beschwerte sich nun nicht der Verband chemischer Reinigungen, sondern der ganz normale Leser.

> *Verstehe nicht, daß die Zeitung solch einen Idioten beschäftigt. Mir und vielen meiner Bekannten erregt er Brechreiz mit seinen Zeichnungen. Können Sie ihm nicht ein kl. Fläschchen E 605 eingeben.*

Das wiederum ist ähnlich heute als Kommentar auf Facebook denkbar, woraus ich schließe, dass man die Veränderungskraft der Heiterkeit wiederum nicht überschätzen sollte, sondern ein gewisses Ausmaß an Bescheuertsein als Menschheitskonstante akzeptieren muss.

Bevor Loriot mit seiner Arbeit begann, war Deutschland in vielen Teilen eine humorfreie Zone, das sollte man nicht vergessen, wenn man den Ernst *unserer* Zeit beklagt. Auf welche Widerstände er stieß, ist heute undenkbar. Ich glaube, es ist kein bisschen übertrieben, wenn man diese Veränderung zum Besseren zu einem erheblichen Teil ihm, Vicco von Bülow, gutschreibt. Sein Werk ist den meisten Deutschen so geläufig, dass man gewöhnlich nur den Anfang seiner Geschichten, Dramen, Sketche erzählen muss, damit ein anderer weiterzitiert.

Und das ist eben nicht so, weil er harmlos gewesen wäre. Vielleicht kann man daraus etwas lernen: über die Kraft der Heiterkeit, mit der sie etwas verändern kann, eine Gesellschaft und auch alle Einzelnen. Loriot ist kein unverhüllt aggressiver Satiriker gewesen, nie. Warum auch? Doch wer ihn je für einen Humoristen hielt, der bloß aufs Lachen und sonst nichts aus gewesen wäre, der verwechselte die Form mit dem Inhalt, der sah nicht, welch ätzenden Spott er ins Gewand der Liebenswürdigkeit hüllte. Das hatte und hat subversive Power. Mit der hat er etwas bewirkt.

Niemand hat wie er die Deutschen bis zur Kenntlichkeit karikiert. Aber *weil* er das so charmant und heiter tat, haben sie sich wiedererkannt.

Die meisten Leute glauben, dass einer, der humorvoll schreibt, sozusagen jederzeit ununterbrochen witzig sei. Und sie haben das Gefühl, dass alles, was sich leicht und lachend liest oder anhört oder anschaut, auch leicht und lachend erdacht worden sei. Mit Staunen hören sie, dass die Herstellung von Komik Arbeit ist, harte Arbeit sogar. Und dass es Lustigeres gibt, als den Tag vor leeren Blättern zu beginnen, im Wissen, dass bei Sonnenuntergang auf diesen Blättern etwas halbwegs Witziges stehen sollte.

Andererseits wäre es ziemlich humorlos, darüber zu klagen, dass man es beruflich mit dem Humor zu tun hat, während andere Straßen fegen oder Kälber schlachten müssen.

Aber Peter Ustinovs Zitat könnte man in diesen Fällen durchaus umdrehen: Humor ist die ernste Art, komisch zu sein.

Er muss dem Leben abgewonnen werden. Er ist sonst nicht gut, hinterlässt keine nachhaltige Wirkung, keine bleibende Erleichterung. Nach Loriots Fernsehbeiträgen und Filmen, auch nach einem Film von Woody Allen, ging ich mit dem Gefühl in die Welt zurück, sie müsse einem doch nicht so schwer auf der Seele liegen, wie ich zuvor gedacht hatte.

Irgendjemand – ich weiß nicht mehr, wer es war – hat mal diesen Vorschlag gemacht: Betrachten wir jene, die in Loriots Werk versammelt sind, genauer! Reduzieren wir die Figuren des Erkenntnisgewinns halber um alles Komische!

Dann bleiben mitleiderregende Gestalten.

Der Rentner, der von einem eiligen Herrn um Feuer gebeten wird, zehn Minuten in allen Taschen nach Feuer sucht, dabei die Gelegenheit schafft und nutzt, dem unverhofften Gesprächspartner sein halbes Leben zu erzählen, ihm Fotos zu zeigen, endlich mit jemand zu reden – nur Feuer kann er nicht geben. Ein Einsamer in einer Welt, die sich einen Dreck für sein Leben interessiert.

Die Ehepaare Hoppenstedt und Pröhl, welche sich bei einem Abendessen über das vermeintlich ungerechte Teilen einer Nachspeise namens Kosakenzipfel so zu streiten beginnen, dass die beiden Frauen sich am Ende auf der Straße mit Wörtern wie »Winselstute« und »Jodelschnepfe« beschimpfen. Das Theaterstück *Der Gott des Gemetzels* der französischen Schriftstellerin Yasmina Reza, das 2011 von Roman Polanski mit Jodie Foster, Kate Winslet, Christoph Waltz und John C. Reilly verfilmt wurde, ist ein später Abglanz dieses Sketches. Auch dort stürzen zwei Ehepaare bei einem freundlich beginnenden Zusammenkommen in einen Abgrund von Hass.

Der Lottogewinner Erwin Lindemann, der sich in einem Fernsehbeitrag selbst vorstellen soll, vom Fernsehteam aber so fertiggemacht wird, dass er am Schluss nur noch unzusammenhängendes Zeug redet.

Übrigens tauchte einmal ein Fernsehteam in meinem Arbeitszimmer auf, das mich bat, für eine Sendung zu Vicco von Bülows 75. Geburtstag zwei Glückwunschsätze in die Kamera zu sprechen. Ich wurde gebeten, auf meinem Sofa Platz zu nehmen. Dann ging es los: Ob das Bild hinter mir unbedingt an der Wand hängen müsse! Nein? Weg damit. Könne man das Bücherregal neben mir etwas verrutschen? Auch nicht? Dann räumen wir es aus – und ab in die Ecke. Sagen Sie, haben Sie nicht eine besser entspiegelte Brille? Hmmm. Jetzt sagen Sie mal was. Moment, Ihre Haare! Ach, jetzt war das Mikro aus, könnten Sie das noch mal … Und jetzt ein bisschen schneller?

Ich fürchte, ich habe Loriot am Ende zu einem Lottogewinn und zur Eröffnung seiner neuen Papst-Boutique in Wuppertal gratuliert.

Niemand, der damals nicht in seinem Werk sich selbst oder einen, den er kennt, wiedererkannt hätte, mit etwas, das ihm das Leben schwer macht: mit der quälenden Angst, ausgerechnet dann peinlich zu sein, wenn man das Größte will, also gerade in dem Moment unbemerkt eine Nudel im Gesicht zu haben, in dem man eine Liebeserklärung abgeben möchte. Mit der eigenen Zwanghaftigkeit. Vor allem aber: Mit dem Wissen, dass alle anderen einen nicht verstehen. Und dass man sie nicht versteht, aber trotzdem mit ihnen zusammenleben muss. Das ist sozusagen das Problem der menschlichen Existenz schlechthin.

»Alles, was ich als komisch empfinde«, hat Loriot gesagt, »entsteht aus der zerbröselten Kommunikation, aus dem Aneinander-Vorbeireden, aus den Problemen, sich zu äußern, aber auch daraus, das Gesagte zu verstehen.«

Manchmal sind Menschen in Loriots Geschichten so unfähig, dass sie nicht mehr in der Lage sind, über ein Frühstücksei zu reden, ohne dass es im Schrecklichsten endet.

»Gott, was sind Männer primitiv!«, sagt die Ehefrau am Ende des Mini-Dramas *Das Ei*.

Er spricht vor sich hin: »Ich bringe sie um … morgen bringe ich sie um.«

Das ist hier sehr komisch. An Millionen Frühstückstischen findet es aber ähnlich statt und ist überhaupt nicht witzig. Es treibt die Leute zur Verzweiflung. Und wenn es sie nicht in die Verzweiflung treibt, weil das ein viel zu großes Gefühl ist, eines, das sie sich zu empfinden nicht mehr trauen, dann treibt es sie in Verstummen, Ignoranz, Bosheit.

Keine Auswege. Lauter Sackgassen.

Doch wo es an Auswegen mangelt, das haben wir von Freud gelernt, bleibt der Humor.

Heiter zu schreiben heißt, den Gedanken zu ermöglichen: Man könnte über alles lachen, sogar über sich selbst. Die Welt kann hoffnungslos sein, aber wir können lachen. Alles kann schwer sein, aber wenn wir lachen, können wir schweben. Heiter zu schreiben bedeutet, angesichts einer Unzahl versperrter Wege und umgekehrter Einbahnstraßen, angesichts von Barrikaden, Wällen, Mauern einen freien Weg zu zeigen, der aus all dem Ernst hinausführt.

Heiterkeit hat etwas tief Tröstliches, vor allem, wenn sie in Verbindung mit dem Ernst des Lebens steht, wenn sie mit ihm umgeht und zeigt, wie man ihm entkommen kann.

13

Als einer meiner Söhne sehr klein war, besuchte er eine Kindergruppe, getragen von einer Elterninitiative. Eines Tages kam es zu einem Zwischenfall, unser Sohn stritt sich mit einem anderen Kind, schubste und schlug es. Nicht schön, aber ein Ereignis, mit dem jede Erzieherin und jeder Erzieher in der Regel fertigwerden.

Nicht so hier.

Wir, die Eltern, wurden zum Gespräch mit der Leiterin zitiert, die mit grämlichem Gesicht einen Vortrag über die Erziehung zum Frieden vom Blatt las, kaum zu glauben, aber wahr. Dann gab es einen speziellen, uns gewidmeten Elternabend, in dessen Verlauf der Vorsitzende der Elterninitiative *coram publico* konstatierte, in unserer Familie stimme etwas grundsätzlich nicht, sonst wäre unser Sohn nicht, wie er leider sei.

Ich rastete aus, nannte ihn ein Arschloch und verließ die Runde, komplett unheiter.

Wir mussten uns eine andere Kindertagesstätte suchen.

Ich schrieb damals eine wöchentliche Alltagskolumne unter dem Titel *Das Beste aus meinem Leben*, in der es um Geschichten aus dem Leben einer Kleinfamilie in der Großstadt ging. In dieser Serie versuchte ich bald, etwas über dieses Ereignis zu schreiben. Vergeblich. Es gelang mir nicht. Ich kam nicht in meinen normalen Erzählton. Sobald ich zu schreiben begann, stieg mir die Galle hoch. Heraus kam ein bitter sich beschwerender, trister, galletriefender Text.

Warum?

Mir fehlte jede Distanz.

Ich legte also die Sache beiseite. Ich ließ Zeit vergehen. Ich wartete ab.

Es dauerte ein halbes Jahr, dann schrieb ich eine Geschichte, zum großen Teil erfunden, aber basierend auf dem Erlebnis. Ich tippte sie innerhalb einer Stunde herunter, sie hatte einen entspannten Ton, der mir gefiel (was bei mir selten ist, also: dass ich Selbstgeschriebenes sofort mag, meine ich). Ich trug sie in den Jahren darauf bei allen Lesungen vor, sie hängt noch heute am Schwarzen Brett manches Kindergartens.

Sie war, glaube ich, heiter.

Warum?

Aus dem Initiativ-Chef war ein militanter Wurstgegner namens Jörg geworden, der um alles in der Welt zu verhindern suchte, dass die Kinder im Hort Wurst äßen. Aus mir, dem Vater, hingegen ein immer hilfloser werdender Wurstesser, der, sobald wieder Jörg anrief und nach Wurstspuren im Kindergarten fahndete, sofort

Wurst essen *musste*, Fleischpflanzl, Leberkäse, Fleischsalat. Jörgs Anti-Wurst-Kampagne erzeugte, was sie zu bekämpfen vorgab: Wurstsucht. Eine klassisch-kindliche Trotzreaktion.

Es gab einen Luis-Spezial-Eil-Elternabend. Jörg hielt einen schriftlich ausgearbeiteten Vortrag über Friedenserziehung. Ich ging hinaus, um aus dem Proviantkühlkoffer, ohne den ich schon lange keinen Elternabend mehr besuchte, heimlich drei Schinkenbrote, acht kalte Schnitzel und eine Schweinskopfsülze zu essen. Ging wieder hinein. Fragte, ob nicht Raufereien unter Kindern zum Alltag gehörten. Und Skinheads mit Baseballschlägern, rief Jörg, gehörten die auch zum Alltag? Ich wieder hinaus. Koffer auf, acht Pfälzer, zwei Leberwürste, zwei Blutwürste. Wieder hinein.
Er habe, sagte Jörg, »einen verheerenden Eindruck« von unserer gesamten Familie.
Ich spürte die Wurst nun unter meinen Haarwurzeln, war wie besoffen von Cholesterin. Nannte Jörg brüllend einen Control-Freak, eine Blockwart-Type, einen Wurstfaschisten. Ging türenknallend ab. Kühlkoffer auf, zwei Pfund Tatar

Dabei fällt mir eine alte Anekdote ein. Sie spielt im 17. Jahrhundert und handelt von einem Mann, der einen Pariser Arzt aufsucht, um ihm von seinen Gemütsverdunkelungen zu berichten und zu fragen, was sich dagegen unternehmen ließe. Der Mediziner sagt: »Was Ihnen fehlt, ist Heiterkeit. Sie dürfen sich nicht weiter hinabziehen lassen in diese Betrübnis, müssen sich freimachen, nach Ablenkung suchen. Da fällt mir etwas ein: Gehen Sie ins Theater! Dort läuft ein neues Lustspiel von Molière, eine Komödie. Gehen Sie dorthin. Lachen Sie! Das wird Ihnen helfen.«

Worauf der Patient antwortet: »Herr Doktor, ich bin Molière.«

Daran muss sich eine Frage anschließen: Täuscht der Eindruck, oder haben Menschen, die von Beruf komisch sind, häufiger mit Depressionen zu tun als andere? Oder fällt es bei ihnen nur mehr auf, weil der Kontrast so stark ist?

Jedenfalls ist der so berühmte wie großartige Robin Williams, den viele aus seinen Hauptrollen in *Good Morning, Vietnam* oder *Der Club der toten Dichter* oder seinen ungeheuer komischen Stand-up-Shows kennen, letztlich an seiner Depression und der damit verbundenen Suchterkrankung und anderen Malaisen gestorben. Jim Carrey *(Die Truman Show, Bruce Allmächtig)* hat 2017 begonnen, über seinen jahrelangen Kampf gegen die Depression zu sprechen. In Deutschland: Dieter

Hallervorden hat über seinen Klinikaufenthalt geredet, auch Torsten Sträter. Kurt Krömer schrieb ein ganzes Buch über sein Problem, *Du darfst nicht alles glauben, was du denkst* heißt es. Das ist nur eine Auswahl.

Es wäre eine Verharmlosung der Krankheit und ihrer vielfältigen Ursachen, würde ich jetzt behaupten: Wenn man die Distanz zum eigenen Leben, die ich beim Schreiben finde und die Williams, Carrey, Hallervorden, Sträter, Krömer beim Spielen empfanden, auch im Alltag entdeckte, könnte man damit eine Erkrankung verhindern. Wie es eben auch absurd ist, zu einem Schwermütigen wie Molière zu sagen, er solle mal wieder ins Theater gehen und einfach lachen. Es hat halt mit dem Problem wenig zu tun.

Aber mir fällt ein: Das Wort *spielen*, das man für die Arbeit von Schauspielern benutzt – ist das ein Zufall? Spielen ist heiter, nicht wahr? Ich würde für das, was ich beim Schreiben empfinde, das Wort *spielen* benutzen, *Schreiben ist Spielen,* mit Sprache, Figuren, Leben.

Und wie wäre es nun, wir würden dieses Spielen auch in unseren Alltag einbauen, ins Leben überhaupt? Wie wäre es, ich würde von meiner Art zu schreiben tatsächlich etwas für meinen übrigen Alltag lernen?

14

Einer alten Freundin ging es lange Zeit nicht gut. Wir telefonierten oft, weil sie weit entfernt lebte. Das ist lange her. Ich hörte ihre Klagen und redete viel, sprach auf sie ein im Willen, zu erklären, dass sich alles finden werde, dass sich Lösungen abzeichneten, dass man solche Phasen im Leben habe, dass ich das von mir selbst kennte.

Irgendwann sagte sie: »Du sagst immer so viel. Aber manchmal will ich doch einfach nur erzählen, wie es mir geht.«

Ich begriff, dass Trost oft allein im Zuhören besteht, in der Möglichkeit, etwas zu teilen, und in der Fähigkeit, überhaupt erst einen Raum zu schaffen für den, der des Trostes bedarf, Platz für seinen Kummer. Wenn man zu viel sagt, kann das heißen, dass man nichts hören will, alles schon weiß oder zu wissen glaubt, keine Zeit hat. Dass man will, dass es vorbei ist, obwohl es nicht vorbei sein kann.

Es geht um die Ungeduld der Zeit, in der wir leben.

»Wir verdichten alles, versuchen, jede Sekunde mit etwas zu füllen«, hat der Psychoanalytiker Jakob Johann

Müller in einem vom *ZEITmagazin* mit ihm und seiner Lebensgefährtin Cécile Loetz, ebenfalls Analytikerin, geführten Gespräch gesagt. »Wir lassen keine Pausen mehr, wir hören den anderen nicht mehr zu, und wir hören auch uns selbst nicht mehr zu. Selbst in der Psychotherapie und der Psychiatrie wird das Zuhören eingeschränkt, weil es vermeintlich überflüssig ist, stattdessen gibt es Apps oder Medikamente. Ich glaube, dass die stark steigende Rate von Depressionen auch damit zu tun hat, dass ganz viel des täglichen Austauschs, des Einander-Zuhörens, weggefallen ist.«

Denn ist es nicht so? Erst wenn dir jemand zuhört, kannst du, was du erlebt hast und was in dir rumort, zu einer Geschichte formen, und erst, wenn du es zur Geschichte geformt hast, kannst du es ablegen, und erst, wenn du es abgelegt hast, bist du frei, dich für etwas Neues zu entscheiden, weil du kein Gefangener der alten Geschichte mehr bist.

So etwa.

Ich wusste das eigentlich aus meiner Zeit als Zeitungsreporter, aber wirklich begriffen hatte ich es nicht. Ich war in den Jahren der *Wende* 1989, 1990, 1991 viel in Deutschland unterwegs, um Reportagen über die Veränderungen des Lebens zu schreiben, den Alltag der Menschen in Ostdeutschland, darüber, wie schwer es ihnen fiel, zu verstehen, was mit ihnen geschah, und darauf zu reagieren, sich im neuen System zurechtzufinden und ihr vergangenes Leben im alten Staat zu betrachten.

Ich saß zusammen mit Menschen, die in der DDR Funktionäre, Gefängniswärter, Kohlenhändler, Sparkassenfilialleiter, Lehrer, Schokoladenfabrikdirektoren, Busfahrer gewesen waren. Sie alle waren zunächst still, skeptisch – und erst als sie merkten, dass ich mich *wirklich* für ihr Leben interessierte, dass ich nichts anderes wollte, als ihnen zuzuhören, begannen sie zu sprechen. Oft begann ein Redefluss, der erst endete, wenn ich nach Stunden auf meine Uhr schaute und das Gespräch beendete, weil ich weitermusste.

Durch das Zuhören öffnete sich ein Raum, den die Leute für sich nutzten. Und für mich war dieser Raum auch da, denn ich brauchte ihre Geschichten für meine Reportage. Ich hörte nicht uneigennützig zu, sondern aus egoistischen Motiven. Ich lernte jedoch, wie gerne Menschen sich öffnen, wenn sie das Gefühl haben, dass jemand sich für sie interessiert. Und so war es auch, ich interessierte mich *tatsächlich* für das, was sie zu erzählen hatten. Es faszinierte mich weit über meine schiere Funktion als Zeitungsmann hinaus.

Zuhören: Ich glaube, das erklärt, warum ich den Humor und die Heiterkeit Loriots oder Sempés oder Woody Allens immer als tröstlich empfand und warum es so vielen anderen Menschen ebenso ging. Man hatte das Gefühl, jemand habe zugehört, uns und dem Leben überhaupt. Er habe nicht mechanisch an irgendeiner komischen Geschichte gestrickt, sondern vorher die Ohren offen gehabt für sich selbst und damit auch für alle anderen, denn wir teilen mehr vom Leben, als wir denken.

Heiterkeit dieser Art vermittelt das Gefühl: Du bist nicht allein, ich weiß, wie es dir geht – und hier ist ein Weg, der zu etwas Besserem führt.

Aber nun: Kann es sein, dass ich in den Telefonaten mit meiner Freundin verständnisvoll wirken wollte durch mein Gerede – es aber nicht war?

»Verständnisvoll: das Wort selbst sagt es schon«, schreibt der belgische Essayist David Van Reybrouck in einem Text, der *Ode an den Trost* heißt. »Was voll ist, kann nichts mehr aufnehmen.«

Er schreibt weiter: »Trost ist weniger eine Frage des Gewährens als des Gewährenlassens: Raum schaffen, Luft zulassen.« Er zitiert den Titel der Dissertation der an der Universität Leiden lehrenden Literaturwissenschaftlerin Yra van Dijk, *Leegte, Leegte die ademt,* also *Leere, Leere, die atmet.* Es geht darin um das typographische Weiß in der modernen Lyrik, den leeren Raum um den Text und die Funktion, die dieser leere Raum für die Poesie hat, der ihr eine Ausdehnung über die Zeilen hinaus ermöglicht, aber auch Platz schafft für die Assoziationen der Leserin.

Reybrouck schreibt weiter über die verschiedenen Formen des Trostes: »Ob es das ist? Die Leere, die atmet, das Weiß, das zuhört? Manchmal tröstet zuhören mehr als reden. Manchmal ist Neugier respektvoller als Diskretion. Nicht im Sinne journalistischer Aufdringlichkeit, sondern schrankenloser Aufgeschlossenheit. Vorfühlen, nicht nachbohren.« Und schließlich, wenige Seiten später: Manchmal sei es »ein größerer Trost, sich verstanden zu fühlen, als aufgemuntert zu werden«.

Unvermeidlich, bei dieser atmenden Leere nicht an Sempé zu denken, die großen weißen Stellen in vielen seiner Zeichnungen und um seine Zeichnungen herum.

Trost hat also eine Menge Möglichkeiten, aber eines ist immer wichtig: dass er nichts verdrängt, sondern die Kalamitäten und das Leiden des zu Tröstenden akzeptiert, aufnimmt und verarbeitet, zu verarbeiten hilft. Das ist die grundlegende Voraussetzung. Und wenn die erfüllt ist, kann man jemandem, der in tiefen Problemen steckt, vielleicht sogar helfen, indem man ihm aus einem Witzbuch vorliest, ihn ins Theater zu einer Molière-Komödie mitnimmt, auf das schöne Wetter hinweist oder ermahnt, das Jammern helfe nicht weiter. Mag sein, dass dies die Leiden lindert, durch Ablenkung.

Einem meiner besten Freunde, der an einer schmerzvollen und schließlich tödlichen Krankheit litt, war immer beizuspringen, indem man ihm ein gutes Essen machte oder gemeinsam ein Fußballspiel anschaute.

Aber es war nicht das, was unter Trost zu verstehen ist.

Trost war: ihm zuzuhören, den Versuch zu machen, ihn zu verstehen, ihm zu sagen, dass man im Rahmen des Möglichen mit ihm litt, ihm das Gefühl zu geben, dass man ihn verstand, seine Hand zu halten, als es zu Ende ging.

Beistand ist ein schönes Wort. Alle seine Freundinnen und Freunde standen ihm in jenen Jahren bei, jeder so gut er konnte, die eine durch schieres Dasein, der andere durch Einkaufen und Fahrdienst zum Arzt, die Nächste, indem sie ihn zu einem Fest begleitete, das ihm wichtig war, wieder andere, indem sie ihn in Fußballdebatten verwickelten.

Irgendwann in all den Jahren ging es auch mir eine Weile lang miserabel.

»Lieber Freund«, schrieb ich ihm einmal am Tag vor seinem Geburtstag aus Italien, »ich bin ein bisschen traurig, dass ich es morgen nicht schaffe, vor allem aber macht es mir wirklich ein schlechtes Gewissen, dass ich Dir dauernd etwas vorjammere, was mein Leben angeht. Das ist eigentlich unangemessen, vor allem angesichts Deiner Lage. Ich hoffe einfach, dass sich alles ein bisschen bessert und vor allem, dass wir uns bald sehen, wenn ich wieder zurück bin.«

»Das ist ja absurd«, schrieb er zurück. »Ich empfinde es genau andersherum. Nämlich, dass ich Dich ständig belagere mit meinen Gesundheitsproblemen. Ich bin froh, wenn wir die Rollen tauschen können und ich auch Dir mal zuhören kann. Ich wünsche Euch jedenfalls aus tiefer Seele ein bisschen Entspannung. Und danach freu ich mich auf ein Wiedersehen in etwas fröhlicherer Stimmung.«

Oft half es, seinen Blick zu wenden. Er war ein Mensch, der mit seinen Gefühlen rasch auf die abschüssige Bahn geriet und dann in tiefer Traurigkeit versank, hadernd mit seinem Leben, der Trennung von seiner Frau, dem Scheitern beim Aufbau dessen, was er ersehnt hatte: eine harmonische Familie, ein Häuschen im Grünen. Man hörte ihm am besten eine Weile einfach zu.

Ja, sagte ich aber irgendwann, da hast du recht, damit bist du in den Graben gefahren, verstehe. Übrigens stehst du damit nicht allein, das geht nicht wenigen so. Beziehungen scheitern, Menschen werden krank.

Andererseits hast du manche Jahre im Glück gelebt, du hattest ja eine Familie, auch wenn sie zerbrochen ist, doch vorher war sie heil. Und du hattest viel Erfolg im Beruf und bist nicht allein jetzt, denn eines deiner größten Talente ist das zur Freundschaft.

Es waren *Sieh-es-doch-mal-so-Gespräche*, Vorschläge, das Leben von einer anderen Seite zu sehen, von der des Gelungenen. Mit Positivdenken hat das nur insofern zu tun, als es darum geht, sich nicht ins Negative fallen zu lassen, sondern das Gute im eigenen Leben nicht zu vergessen. Dazu neigt man manchmal. Bei meinem Freund war es jedenfalls so, und bei mir ist es das bisweilen auch.

Eines Tages landete er wieder einmal im Krankenhaus. Von dort schrieb er eine SMS: »Bin in Klinik. Gestern Nacht mit RKW. Werde aber überleben und mich für die deutsche Nationalmannschaft der Von-der-Schippe-Springer qualifizieren. *So long.*«

Das würde ich heiter nennen.

Testamentarisch verfügte er, in seiner Todesanzeige habe zu stehen: *C'est la vie!*

15

Apropos: von der Schippe springen.

Ende der siebziger Jahre sah ich im Münchener Cuvilliéstheater eines der heitersten Theaterstücke, die ich kenne: *Der Brandner Kaspar und das ewig' Leben,* inszeniert von Kurt Wilhelm mit den großen Volksschauspielern Fritz Straßner, Toni Berger und Gustl Bayrhammer. Wilhelm war ein Ururgroßneffe des Schriftstellers Franz von Kobell. Und Kobell hatte 1871 in den *Fliegenden Blättern*, einer illustrierten humoristischen Wochenschrift, die *Gschicht vom Brandner Kasper* veröffentlicht, in bairischer Mundart. Sein Nachfahre hatte sie fürs Theater bearbeitet.

Mehr als tausend Mal wurde sie in München gespielt, eines der populärsten Stücke überhaupt, von vielen Bühnen übernommen. Noch heute kann man eine Inszenierung Christian Stückls am Münchner Volkstheater sehen. Sie ist praktisch immer ausverkauft.

Für mich ist dieses Stück ein Inbegriff von Heiterkeit.

Die zwei Hauptfiguren sind der Brandner Kaspar, 72 Jahre alt, Witwer, allein lebend, Kleinbauer und Schlosser von Beruf. Sein Gegenspieler ist der *Boanlkramer*, wozu man wissen muss, dass *Boandl* oder *Boanl* im Bairischen die Knochen sind und ein Kramer ein Händler ist. Der *Boanlkramer* (oder auch, mit *d*, eben der *Boandlkramer*) ist ein Knochenhändler oder, um es klarer auszudrücken: der Tod.

Der erscheint nun beim Brandner, um ihn zu holen. Jetzt ist es aber so: Der Boanlkramer ist im Bairischen keine gebieterische und bedrohliche Figur, vielmehr eben ein Krämer. Man kann mit ihm handeln und tut es auch. Und ein Knochenkrämer ist noch dazu eine der armseligsten Ausgaben von Kaufmann, die man sich vorstellen kann, mitleiderregend, »bleich und leidend wie ein Armenhäusler« aussehend, »hohläugig und mit eingefallenen Wangen«, wie es der Schriftsteller Alfons Schweiggert beschrieben hat – oder, wie es bei Kobell selbst heißt, »zaundürr, daß er grad 'klappert hat und bloadi und hohlauget, an' abscheuliga Kerl«. (*Bloadi*, das ist, wie er aussieht, schwach, gebrechlich, ein schönes Dialektwort.)

Kasper, i' bi' der Boanlkramer und ho' Di' frag'n woll'n, ob D' nit ebba mit mir geh' willst?
So? Der Boanlkramer bist, na' Bruader, i' mag nit mitgeh', g'fallt ma' no' ganz guat auf der Welt.

Also: Der Kramer fragt, ob der Brandner nicht vielleicht *(ebba)* mit ihm gehen wolle, und der Brandner sagt einfach: Nein, er möge nicht, es gefalle ihm noch gut hienieden.

Und man sieht: Der Tod tritt nicht befehlend auf, eher bittend und Entschuldigungen nuschelnd, sich räuspernd und seine Unschuld beteuernd, devot anklopfend, »stets fröstelnd und mit schlechtem Gewissen erledigt er die göttlichen Aufträge, deren Ausführung ihn immer äußerst unangenehm berührt«, so Schweiggert. Ein Bayer erschrickt nicht, wenn der Boanlkramer an der Türe klopft. Der Tod ist für ihn nichts Besonderes, eher eine Alltagsfigur, der man nicht mit sonderlichem Respekt begegnet.

Man verhandelt.

Er habe sich das schon gedacht, sagt der Tod, aber er müsse ihn nun mal holen, den Brandner, so laute der Auftrag. Wie es denn vielleicht im Frühjahr sei? Ob es da besser passe?

Nein, auch nicht, leider, sagt der Brandner, da sängen die kleinen Vöglein immer so schön, das wäre ihm auch zuwider, wenn er da abtreten müsse. So geht das weiter, im Sommer sei es ihm zu heiß zum Sterben, im Winter zu kalt, und im Herbst gebe es immer die Treibjagden und das Oktoberschießen, da sei das Leben viel zu schön, um sich für immer hinzulegen.

Das habe er sich gedacht, sagt der Boanlkramer, aber

holen müsse er ihn nun mal. Ob er ewig leben wolle? Das gehe nicht!

So läuft das bei Kobell. (Bei dem, wie wir gesehen haben, der Brandner übrigens eben noch *Kasper* hieß, erst bei Wilhelm im Theater wurde aus ihm der *Kaspar*, aber das nur nebenbei.) Und der Brandner holt, weil die Verhandlungen stocken und er ein schlauer Kerl ist, erst einmal den Kirschgeist und zwei Gläser aus dem Schrank, macht den Tod betrunken, betrügt ihn beim Kartenspiel und handelt ihm achtzehn zusätzliche Lebensjahre ab.

In der bayerischen Nationalmannschaft der Von-der-Schippe-Springer wäre der Brandner Kaspar Ehrenspielführer.

Bloß spricht sich die Sache bis zu Petrus durch. Der lässt den Boanlkramer kommen und hält ihm eine Standpauke: So gehe es nicht, dass sich hier jeder selbst aussuchen könne, wie lange er leben wolle, und auf der Stelle fahre der Kramer jetzt zum Brandner hinunter und hole ihn. Natürlich gehorcht der und klopft erneut beim Brandner an, der allerdings wieder unwirsch reagiert. Ausgemacht sei ausgemacht, und er werde sicher nicht vorher abtreten.

Nun ist es aber der Tod, der da steht und seinerseits den Brandner überredet: Es gehe doch nur, barmt er, um eine Spazierfahrt mit seiner Kutsche! In einer Stunde sei man wieder da, derweil könne der Kasper mal unverbindlich ins Paradies hineinschauen.

Wirklich nur mal reinschauen?, fragt der.

Ja, wenn er es doch sage!, entgegnet der Kramer.

So fahren sie zum Paradies, das Kobell als blühenden Garten schildert, voller Früchte und Engel mit silbernen Flügeln und Kränzen im Haar. Dort geschieht, was geschehen muss: Seine beiden im Krieg gefallenen Söhne eilen ihm fröhlich entgegen, die verstorbene Frau auch und viele schmerzlich vermisste Freunde.

Man begrüßt sich herzlich. Dann kommt ein Engel vorbei und richtet dem Kasper aus, der Boanlkramer sei bereit zur Rückfahrt, ob er nun komme.

Nein, nein, sagt da der Kasper, er solle ihm ausrichten, dass er allein fahren solle, er bleibe hier, denn er wolle nichts mehr wissen von der Welt unten, und dem Herrgott lasse er einen schönen Dank ausrichten, dass ihm die Gnade des Paradieses zuteilgeworden sei.

Man kann das als naiv-christlichen Schwank aus anderen Jahrhunderten abtun. Das ist es auch. Aber trifft das den Kern?

In Wahrheit geht es um eine Geschichte, die von der Lust am Leben und der Geringschätzung des Todes gleichzeitig handelt. Man macht sich einen Spaß daraus, vom Tod zu reden, der keine Drohung mehr ist, sondern ein unterwürfiger Befehlsempfänger, den man betrunken machen und dem man beim Kartenspiel ein paar Lebensjahre abschwatzen kann.

Natürlich verliert der Tod im Leben so nicht seinen

Schrecken. Aber es ist eine äußerst liebenswürdige Weise, ihm seinen Stachel wenigstens für eine Weile zu nehmen. Der Tod mag zwar noch schlimm sein, in jedem konkreten Fall. Aber bitte, als Mensch hat man die Möglichkeit, ihn zu verwandeln, ihn zu einer Figur in einer Geschichte zu machen und von ihm so zu erzählen, dass er gerade gut genug ist, um einen Scherz über ihn zu machen.

Allein, dass wir diese Möglichkeit haben, würde ich einen Trost nennen.

Und noch etwas anderes: Könnte es sein, dass zwischen uns und der Heiterkeit im Leben zu oft die Tatsache steht, dass wir den Tod (und damit ja auch das Leben) zu wichtig nehmen? Sind nicht alle Weltreligionen im Grunde Strategien der Bewältigung der Angst vor dem Tod, allein durch das Versprechen, dass nach seinem Eintreten etwas viel Besseres auf den Menschen warte?

Wenn wir aber keine Religion mehr haben, was nimmt uns dann diese Angst? Liegt nicht hinter dem Kult, den wir heute um das Leben treiben, hinter all den Schönheitsfarmen und hautstraffenden Operationen, den Rauchverboten und Ernährungsanweisungen, liegt also hinter all dem nicht die blanke und durch nichts mehr – keine Religion und keine Komödie – eingehegte Todesangst?

Muss also, wer dem Leben mit Heiterkeit begegnen will, zunächst über diese Todesangst nachdenken? Womit wir ja wieder beim Weltuntergang wären und der Angst davor. Denn was ist der Tod anderes als ein ganz persönlicher, privater Weltuntergang? Für jeden von uns geht eines Tages die Welt unter, nichts ist sicherer als das.

Und vermutlich ist es besser, diesem Datum mit Heiterkeit entgegenzusehen, statt es angstvoll zu erwarten.

16

In den Tagen, als ich dies schrieb, starb mein Freund. Ich hielt eine Rede auf seiner Beerdigungsfeier, ich blickte zurück auf sein Leben, auf die lange Zeit, die wir als Freunde verbracht hatten, auf die Jahre seiner Krankheit, die ihn veranlasste, seinen Beruf früh aufzugeben, und an der er starb. Auf den großen Spaß, den wir zusammen hatten.

Ich erzählte, dass wir zusammen in einer Zeitungsredaktion das Leben als Journalisten begannen und damals ein Zimmer teilten.

Ich sagte, so ungefähr jedenfalls:

Wir hatten zwei Telefone, jeder eines. Er telefonierte viel, ich weniger. Manchmal riefen auf beiden Telefonen Frauen an, die alle Karin hießen und ihn sprechen wollten. Er hatte zeitweise drei Freundinnen parallel, alle drei hießen seltsamerweise Karin, er liebte die eine wie die andere. Das brachte mich immer durcheinander und ihn ja auch. Manchmal riefen sie gleichzeitig an, eine bei ihm, eine bei mir, für die dritte war dann besetzt, weil es eben nur zwei Telefone waren. Oft sagte ich, er rufe später zurück, er habe gerade viel zu tun. So war es ja auch.

Es wurde gelacht und geweint bei der Feier. So ist es richtig.

Da fällt mir ein: Im Dezember 1989 fand eine Trauerfeier für Graham Chapman statt, führendes Mitglied der Komiker-Gruppe *Monty Python* und Hauptdarsteller in *Das Leben des Brian.* John Cleese, sein Freund und Kollege bei *Monty Python*, hielt eine Rede. Cleese, einer der komischsten Schauspieler der Filmgeschichte, hat einiges im Leben geleistet, unter anderem war er stolz darauf, als erster Mensch im britischen Fernsehen *shit* gesagt zu haben. Nun behauptete er, der bereits tote Chapman habe ihm nachts beim Verfassen der Trauerrede ins Ohr geflüstert: »Wenn diese Trauerfeier wirklich mir gilt, dann möchte ich, daß du der Erste bist, der jemals bei einem britischen Trauergottesdienst ›fuck‹ gesagt hat!« Dann fügte Cleese hinzu, er könne es nicht, es fehle ihm der Mut. Wenn Chapman lebte, würde er es wahrscheinlich können, »weil er mir immer Mut gemacht hat. Aber die Wahrheit ist, daß mir die Eier für sowas fehlen, sein großartiger Trotz, sein fabelhaftes Mir-so-wurscht.«

Cleese hatte *fuck* gesagt, ohne *fuck* gesagt zu haben.

Oft, wenn wir später, als er schon sehr krank war, telefonierten, kam mein Freund gerade aus dem Hospital oder war auf dem Weg dorthin oder befand sich eben dort. Man dokterte an seiner Lunge herum, setzte ihm Stents in die Herzgefäße, verabreichte ihm Infusionen, operierte ihm die Nase, auch waren Knochenbrüche zu heilen.

Ich dachte an den Dichter Ror Wolf, den ich sehr verehre und zu dessen wichtigsten Figuren eine namens Hans Waldmann gehört, der in Wolfs Werk den aberwitzigsten Vernichtungsschlägen des Schicksals ausgesetzt wird, sich jedoch stets erhebt und auf unbeirrbare Weise seinen Weg weitergeht, ein Schippenspringer der Extraklasse.

Waldmanns Erdendasein ist ein einziges Fallen, Stürzen, Hinabsinken, In-der-Tiefe-Aufprallen, Herabgerissenwerden und Wiederaufstehen – ganz wie bei meinem Freund und wie zum Beispiel in diesen Zeilen:

Waldmann, er erwacht mit einem Mal
festgeschnallt im städtischen Spital,
etwa neunundsechzig Jahre alt,
zugeklebt, vernäht und festgeschnallt,
aufgeschlitzt und wieder zugeklebt,
liegt er auf dem Bett. Hans Waldmann lebt.

Das Gedicht heißt *Waldmann wird aufgeschlitzt und lebt weiter.* In ihm bleibt, wie in allen Waldmann-Texten, der Hauptfigur nichts erspart.

Aus den Wickeln Binden Gummistrümpfen,
oder dumpf aus den Matratzensümpfen,
quillt es nachts heraus, aus den Verbänden,
und es quillt aus Krankenzimmerwänden,
Schmiere Schleim Musik Gesänge, gotisch,
und Gerüche nach Karbol, narkotisch.

Deutlicher kann man es nicht sagen, drastischer auch nicht, und doch wohnen in diesen Zeilen neben all dem Fürchterlichen eine nicht zu leugnende Heiterkeit und eine jedem Schicksal trotzende Leichtigkeit, etwas Schwebendes, das, wie Stäubchen im Licht, mit unseren groben Bewegungen nicht zu fangen ist. Zumal Hans Waldmann sich am Ende aus allem Elend stets erhebt und auf seinen Wegen vorangeht, wie der Dichter in stupender Lakonie mitzuteilen pflegt.

Waldmann: aufgeschlitzt und ausgenommen.
Später ist er dann nach Haus gekommen.
Heute lebt Hans Waldmann immer noch.
Hier ein Loch und dort ein zweites Loch.
Um sich schließlich gänzlich zu erneuern,
bricht er auf zu neuen Abenteuern.

So enden viele Waldmann-Geschichten, immer geht es aus dem Schlimmsten heraus weiter und weiter ins unentwegte Leben.

Wolf schrieb über seine Arbeit, worum es ihm gehe, sei »eine Literatur, deren Grundstimmung ein Komplott ist aus Leichtigkeit, Schwermut, Spiel, Ernst, Skurrilität, Lust, Spaß und Entsetzen«. Das finde ich in dieser lebensumfassenden Weise großartig, schon als Anspruch. Und es sind – noch großartiger – die Nonchalance und der Charme der Sprache, in denen sich der Anspruch realisiert, denn alles, was an diesen Zeilen heiter ist, spürt man im Augenblick des Lesens.

Wolfs Welt, schrieb Friedmar Apel, Herausgeber seiner Gedichte, sei »keine andere Welt als die des Lesers, aber sie ist befreit von der nur scheinbar natürlichen Last, die Worte auf Kommunikation, auf Bedeutung und Zweck oder in feierlicher Ethymologie auf den Sinn von Sein verpflichtet«. Um den Pflichtgegensatz von Ernst und Komik kümmere sich dieser Autor nicht, so der Journalist Lothar Müller. Diese Poesie schenke den Lesern »Würde in der Trostlosigkeit und Frieden in der Würdelosigkeit«, schrieb der Kritiker Michael Schweizer. »Und sie macht glücklich.«

Auf Wiedersehn, wir werden demnächst sterben,
und das kommt auch nicht alle Tage vor,
wir werden kalt, wir werden uns verfärben

und jemand kommt und wird uns dann beerben.
Der Wind im Schädel pfeift uns aus dem Ohr.

So ist das. Robert Gernhardt dichtete über alle, die, anders als Wolf, nach hohen, ernsten Tönen streben und lange Epen schreiben:

mann, dein zeug hört sich so gräßlich alt an.
wie ganz anders doch ror wolfs hans waldmann!

Worum es geht: Wir haben hier das Leben in seiner Gänze, den Schmerz und die Entwürdigung, die Scheußlichkeit und das Vergnügen, den Spaß und die Furcht – und all das in eine Form gebracht, die man heiter nennen könnte, wenn mal will.

Und ich will.

Kürzlich las ich in Wolfs Tagebüchern, *Die unterschiedlichen Folgen der Phantasie. Tagebuch 1966–1996* heißt das Buch, 2022 erschienen. Es handelt von einem Leben, das man, ehrlich gesagt, nicht geschenkt haben möchte. Es geht unentwegt um Verleger, die einem die Spesen nicht bezahlen wollen, unwirsche Redakteure, denen Manuskripte nicht gefallen, um ein trübes Dasein in zugigen Wohnungen mit faulenden Fensterrahmen und lärmenden Nachbarn, es ist die Rede von schmierigen Schnäpsen und von Ärzten, die einem mit falschen Diabetes-Diagnosen das Leben zur Hölle machen, von

Missmut und von Reisen, auf denen man schlecht isst und in miserablen Hotels schläft, von Büchsenkost und zu viel Alkohol, von unergiebigem Sex, Geldmangel und schlechten Betten.

Es geht um das unverwandelte, unbedichtete Dasein.

Über den 11. Oktober 1971, da lebt Wolf mit einem Stipendium des Senats in Berlin, ist zu lesen: »Weiterleben als Spaziergangsmensch, als Knackwurstmensch, Gurkenmensch und Schnapsmensch undsoweiter: in Berlin, am Wannsee.«

Am 16. November desselben Jahres, gerade in eine neue Wohnung in Frankfurt eingezogen: »Ich versuche, mit Schnaps das Leben zu verkürzen. Ein schleimiger Rundblick. Ölgestank aus den Raffinerien vor dem Fenster in der Ferne. Das unablässige Vorbeischieben von Automobilen, das Rauschen, die Autobahnen Kreuzungen Kreisel die Brücken, tags nachts morgens abends von allen Seiten nach allen Seiten. Öltanks, Schornsteine, schleimiger und sülziger Himmel, auch bei Sonnenschein. Nur manchmal ist es ganz anders.«

Manchmal … Mein Gott, da hat er fast zwei Jahre lang gewohnt.

Aber was hat er daraus gemacht!

Er steht auf, Hans Waldmann, wo er saß.
Und schon macht das Leben wieder Spaß.

Noch etwas: Mein Freund wurde in einem Friedwald bestattet. Er hat kein Grab mit einem Grabstein, sondern seine Urne befindet sich am Fuß eines Baumes. An dessen Stamm ist ein Schild geschraubt, auf dem die Namen derjenigen stehen, deren sterbliche Reste hier liegen.

Es sind zwei. Der eine Name ist der meines Freundes.

Der andere lautet (ich kann's nicht fassen, es ist reiner Zufall): Karin.

Wir waren vom Trost ausgegangen. Und ich meine: Man kann diesen Trost nur haben, wenn man alles, weswegen man getröstet werden möchte, auch präsent lässt, nicht wegschiebt oder in seiner Seele versenkt, sondern auf den Tisch legt, akzeptiert und nicht darüber hinweggeht. Man kann das Heitere nicht vom Übel trennen, denn wenn man das Schwere in etwas Leichtes verwandeln will (ein Gedanke von Thomas Mann), dann geht das nicht ohne das Schwere. Sonst wäre alles von selbst leicht.

Man erkennt sich wieder in Wolfs Versen, sich selbst oder das Leben eines anderen oder das Leben selbst. Im Falle Waldmanns sah ich stets meinen Freund und seine Leiden. Und genau im Wiedererkennen liegt vielleicht der Trost: das Verstehen, dass man nicht allein ist mit alledem, sondern dass es Menschen gibt, die das kennen und schildern.

Noch tröstlicher ist, wenn all das Übel in den Versen Wolfs so furchtlos benannt, in Form gebracht, in Verse gesetzt, gereimt und dann ins Heitere gewendet wird … Nein, nein, Moment, das stimmt nicht, da wird nichts *gewendet*, denn *dies hier* ist das Großartige an seinem Werk: dass es *gleichzeitig* heiter und ernst ist und dass man nicht genau sagen kann, wo das eine aufhört und das andere beginnt, weil es diese Trennung als Linie gar nicht gibt.

17

Wie ist es möglich gewesen, dass unser Begriff so undeutlich wurde wie eingangs geschildert? Dass man mit ihm so vieles assoziiert, vom Alkohol bis zum Witz, von der Heiterkeit einer Landschaft bis zu der eines Frühlingstages? Und dass er damit fast nichtssagend wurde?

Und noch eine Frage: Warum gilt alles, was mit Heiterkeit zu tun haben könnte, bei uns in Deutschland als etwas Minderes, Leichtgewichtiges, Unbedeutendes, während dem Ernsten, Vergrübelten gehuldigt wird?

Zusatzfrage: Stimmt das wirklich?

Wir machen einen Ausflug in die Begriffsgeschichte. Es interessiert mich, wie andere zu möglicherweise nicht weniger schwierigen Zeiten mit diesem Wort umgegangen sind. Ich nehme also die 2001 erschienene Neuausgabe der *Kleinen Literaturgeschichte der Heiterkeit* des Germanisten Harald Weinrich zur Hand und folge dem, was er zu sagen hatte.

Interessanterweise endet ja der Prolog zu Schillers *Wallenstein* mit den berühmten und schon erwähnten Versen, wonach das Leben ernst, die Kunst heiter ist. Also scheint das Wort damals keine geringe Rolle gespielt zu haben.

Da sind wir mitten im Problem. Denn was sollte das damals heißen? Der *Wallenstein* ist alles andere als eine Komödie, die Trilogie endet mit der Ermordung des Titelhelden. Es ist alles tragisch.

Also: wieso *heiter*? Was ist denn dann so *heiter* an der Kunst?

Um das zu verstehen, muss man sich für einen Augenblick von unserem heutigen oberflächlichen Verständnis des Wortes freimachen. Für Schiller lag die Heiterkeit seines Werkes in der Freiheit, mit der er sich der Wirklichkeit bemächtigte. Er entnahm dem realen Leben seinen Stoff, Wallensteins Leben zum Beispiel, und transferierte ihn in eine dichterische Form. *Und allein diese Form,* wie immer sie genau beschaffen war, nannte er *heiter*, eine »Befreiung von den Schranken des Wirklichen«, wie er schrieb.

»Darin(n) also besteht das eigentliche Kunstgeheimniß des Meisters, daß er den Stoff durch die Form vertilgt«, heißt es im 22. seiner Briefe *Über die ästhetische Erziehung des Menschen*, ja, *vertilgt*, das ist schön, Heiterkeit isst Ernst auf, die Form verzehrt den Stoff, eine idealistische Kunstauffassung, die Schiller in einem Gedicht beschrieb, *Das Ideal und das Leben* heißt es.

Aber in den heitern Regionen,
Wo die reinen Formen wohnen,
Rauscht des Jammers trüber Sturm nicht mehr.
Hier darf Schmerz die Seele nicht durchschneiden,
Keine Träne fließt hier mehr dem Leiden,
Nur des Geistes tapfrer Gegenwehr.
Lieblich, wie der Iris Farbenfeuer
Auf der Donnerwolke duftgem Tau,
Schimmert durch der Wehmut düstern Schleier
Hier der Ruhe heitres Blau.

Übrigens wurde die *Wallenstein*-Trilogie, bestehend aus *Wallensteins Lager*, *Die Piccolomini* und *Wallensteins Tod*, in den Jahren 1798 und 1799 am Weimarer Hoftheater uraufgeführt – und zwar unter der Leitung von keinem Geringeren als Johann Wolfgang von Goethe.

Der jedoch nahm am Prolog eine kleine, doch bedeutsame Veränderung vor. Bei ihm heißt es nicht *Ernst ist das Leben, heiter ist die Kunst,* sondern *heiter sei die Kunst.*

An diesen drei Buchstaben hängt eine unterschiedliche Auffassung beider, die künstlerische Arbeit betreffend. Schiller vertrat die Ansicht, Kunst sei bereits *an sich* heiter, weil sie eben mit Formen arbeite und die Veränderung und Aufhebung der schnöden Wirklichkeit in der dichterischen Form heiter sei.

Goethe war anderer Meinung. Für ihn war *nicht* die Kunst *an sich* schon heiter, durch ihre Form als

Kunst. Sondern, so Goethe, der Künstler habe einem Anspruch zu genügen. Er müsse dem Stoff, mit dem er sich beschäftige, Heiterkeit überhaupt erst abringen. »Die Klarheit der Ansicht, die Heiterkeit der Aufnahme, die Leichtigkeit der Mitteilung, das ist es, was uns entzückt«, schrieb er.

Die Kunst *ist* laut Goethe nicht *qua definitionem* heiter, aber sie *sei* es, bitte schön, im richtigen und erwünschten Fall.

Heiterkeit ist, wie Weinrich schrieb, »ein Lieblingswort, ja bei ihm wirklich ein Schlüsselwort seines literarischen Werkes«. Er hat in Goethes Lebensäußerungen haufenweise Belege dafür gefunden, wie sehr der auch im Alltag das heitere Wesen seiner Mitmenschen schätzte, vom Medizinprofessor in Straßburg, bei dem er einige klinische Praktika machte (neben den juristischen Vorlesungen selbstverständlich, ja, liebe Leute, gibt es denn überhaupt etwas, mit dem Goethe sich *nicht* beschäftigt hätte, Medizin sogar, echt jetzt?!) und der mit großer »Heiterkeit und Behaglichkeit« seine Studenten von Bett zu Bett geführt habe, bis zur Pfarrerstochter im nahe gelegenen Sessenheim, Friederike Brion hieß sie, bei der »die unverwüstliche Heiterkeit ihres Antlitzes mit dem blauen Himmel zu wetteifern« schien.

Auch in den *Leiden des jungen Werthers* heißt es ja am Anfang: »Eine wunderbare Heiterkeit hat meine ganze Seele eingenommen, gleich den süßen Frühlingsmorgen, die ich mit ganzem Herzen genieße«, so schreibt der Held in seinem zweiten Brief. Aber am Schluss nimmt er sich das Leben, wir haben wieder eine Tragödie, die heiter beginnt. Goethe litt wohl in der Zeit, als er das Buch schrieb (seinen dann zweiten großen Erfolg nach dem *Götz von Berlichingen*), selbst unter Suizidgedanken. Später schrieb er, er habe sich das Triste quasi von der Seele geschrieben und sich so »aus einem stürmischen Elemente gerettet«.

Das rettende Ufer aus des Jammers trübem Sturm war Weimar, die heitere kleine Hauptstadt, wo er dann lebte, und schließlich auch das große Rom, wohin er reiste. 1827, fünf Jahre vor seinem Tod, dichtete er:

Freunde, flieht die dunkle Kammer,
Wo man euch das Licht verzwickt,
Und mit kümmerlichstem Jammer
Sich verschrobnen Bildern bückt.

Das schrieb er über seine Farbenlehre. Während seiner Arbeit daran befand er sich teilweise in scharfem Gegensatz zu Isaac Newton, der sich mit demselben Thema in anderer Weise beschäftigte. Er, Newton, machte seine Experimente mit Prismen, mit deren Hilfe er die Brechung des Lichts und die Entstehung der Farben untersuchte, in einer Dunkelkammer. Goethe hingegen zog das volle Sonnenlicht vor.

Freunde, flieht die dunkle Kammer, das ist aber in jedem Fall schön, wenn es um Heiterkeit geht. Denn es bedeutet: sich die Welt anzuschauen, draußen, bevor man sich mit ihr in der Grübelstube beschäftigt.

Weinrich hat wunderbar gezeigt, wie der Seelenzustand, von dem wir sprechen, von Schiller ausgehend in Deutschland seinen Weg durch Dichtung, Philosophie und poetische Lebensanschauung nahm, bis zu Heinrich von Kleist und jenem berühmten, feierlich-heiteren Ausruf, mit dem der Prinz von Homburg den eigenen Tod hinzunehmen bereit ist:

Nun, o Unsterblichkeit, bist du ganz mein!

Kleist selbst hat sich später am Wannsee das Leben genommen. Datiert *am Morgen meines Todes* aber schrieb er, sozusagen seiner eigenen Dichtung folgend, der Schwester Ulrike:

> *Ich kann nicht sterben, ohne mich, zufrieden und heiter wie ich bin, mit der ganzen Welt, und somit auch, vor allen anderen, meine teuerste Ulrike, mit Dir versöhnt zu haben. … Du hast an mir getan, ich sage nicht, was in Kräften einer Schwester, sondern in Kräften eines Menschen stand, um mich zu retten: die Wahrheit ist, daß mir auf Erden nicht zu helfen war. Und nun lebe wohl; möge Dir der*

Himmel einen Tod schenken, nur halb an Freude und unaussprechlicher Heiterkeit dem meinigen gleich: das ist der herzlichste und innigste Wunsch, den ich für Dich aufzubringen weiß.

Wie schreibt Weinrich?

»Wir haben gesehen und wollen festhalten: Heiterkeit ist zu niedrigsten Preisen nicht zu haben, aber den Kindern der Traurigkeit fällt sie auch nicht zu. Eher schon den Gratwanderern zwischen Glück und Leid, Freude und Trauer, Witz und Wehmut …«

Heinrich Heine zum Beispiel, der in seinen *Nachtgedanken* zuerst über die Deutschen dichtete:

Denk ich an Deutschland in der Nacht,
Dann bin ich um den Schlaf gebracht,
Ich kann nicht mehr die Augen schließen,
Und meine heißen Tränen fließen.

Und dann über die Franzosen:

Gottlob! durch meine Fenster bricht
Französisch heitres Tageslicht;
Es kommt mein Weib, schön wie der Morgen,
Und lächelt fort die deutschen Sorgen.

Das ist die alte Geschichte, der Ernst der Deutschen, die Heiterkeit der Franzosen und Italiener.

Man findet das noch viel später in Christoph Ransmayrs so berühmtem wie großartigen, 1984 erschienenen Buch *Die Schrecken des Eises und der Finsternis*, das von der österreichisch-ungarischen Expedition ins Nördliche Eismeer in den Jahren 1872 bis 1874 handelt, geleitet von den Offizieren Weyprecht und Payer. Bei dieser Fahrt wird das Franz-Joseph-Land entdeckt, eine Inselgruppe östlich von Spitzbergen. Es gibt eine Stelle, in der es um die Frage geht, ob man auf eine solche Reise nur Norweger, Dänen oder Russen mitzunehmen habe, die mit Kälte und Dunkelheit Erfahrung hätten. Weyprecht entscheidet sich anders, er heuert auch Südländer an.

Im Buch heißt es:

> *Aber es sind Italiener und Dalmatiner, die auch in der Dunkelheit der Winternacht, wenn es ruhig ist und windstill, auf das Eis hinaussteigen werden und dort im Schein der Fackeln Bocce spielen.*
> *Er habe, wird Weyprecht später an eine Freundin schreiben, seine über alles geachteten Südländer mitgenommen, weil sie über das Kostbarste verfügten, worüber Menschen inmitten der Drohungen des höchsten Nordens überhaupt verfügen können – über die Heiterkeit.*

Da haben wir die ganze Spannweite des Begriffs, vom ins Heilige Gesteigerten bis zur pragmatischen, alltäglichen Lebensansicht, von der todesnahen Seelenfülle bis zum quasi naturgegebenen, ewiger Fröhlichkeit verwandten Gemütszustand der sonnenverwöhnten Südländer.

Kein Wunder, dass dieses Wort heute schwammig wirkt. So viel wurde schon hineingelegt und herausgenommen.

Weinrich hat nachgezeichnet, wie der Begriff seinen Weg aus den Zeiten Goethes und Schillers hinaus ins Biedermeier nahm, wo die Menschen in Adalbert Stifters Werken manchmal vor lauter milder Heiterkeit, stillem Glück und blauem Himmel gar nicht wissen, wohin mit ihrer Seelenfreude. Und wie danach das Wort, die Literatur verlassend, »zu einem vorrangig philosophischen Gegenstand« wurde bei Hegel, Schopenhauer und Nietzsche, der immerhin *Die Fröhliche Wissenschaft* schrieb und Gott für tot erklärte. Komischerweise ist Fröhlichkeit dennoch nichts, das man als Laie spontan mit Nietzsche verbinden würde, was damit zu tun haben könnte, dass seine Heiterkeit nun wirklich von einer tragischen Grundstimmung ist, wie man einem Gedicht mit dem Titel *Die Sonne sinkt* entnehmen kann.

Heiterkeit, güldene, komm!
du des Todes
heimlichster süssester Vorgenuss!
– Lief ich zu rasch meines Wegs?
Jetzt erst, wo der Fuss müde ward,
holt dein Blick mich noch ein,
holt dein Glück mich noch ein.

Seufz.

Kleist war ein Scherzkeks dagegen.

Den großen Theodor W. Adorno müssen wir noch erwähnen, der 1967 eine Debatte über die Heiterkeit der Kunst auslöste, als er einen Aufsatz unter dem Titel *Ist die Kunst heiter?* in der *Süddeutschen Zeitung* veröffentlichte. Nach Auschwitz und im Kapitalismus, so kann man den Text vielleicht knapp zusammenfassen, sei Heiterkeit unmöglich, vorhanden nur noch als »schmatzend einverstandenes Behagen« an den herrschenden Verhältnissen, ein Verdikt, das er so ähnlich in der gemeinsam mit Max Horkheimer verfassten *Dialektik der Aufklärung* formuliert hatte: »Vergnügtsein heißt Einverstandensein.« Aller Spaß, so Adorno, diene nur der falschen Versöhnung mit den Mächtigen, deren Kulturindustrie sich jede Form der Heiterkeit untertan und dienlich gemacht habe.

Da wären wir bei jenem Ernst, der den Deutschen bisweilen mehr gilt als die Leichtigkeit und das Vergnügen.

Adornos Haltung fand allerdings später wiederum den Widerspruch anderer Philosophen, Odo Marquards zum Beispiel, auch Peter Sloterdijks. Aber als ich mir im Lesesessel deren Werke vornehme, ereilt mich über all den Texten, die über den Rand meiner intellektuellen Möglichkeiten schwappen, ein heiteres philosophisches Schläfchen, und ich verschnarche machtlos den Nachmittag.

Beim Aufwachen fällt mir eine Anekdote ein, die der Schriftsteller Wilhelm Genazino 2003 bei einem Vortrag im Frankfurter Literaturhaus unter dem Titel *Der Professor im Schrank* erzählte.

Adorno, so entnahm Genazino seinerseits dem Leserbrief einer Zeitzeugin an die *Frankfurter Allgemeine*, habe eine so krasse Abneigung gegen unangemeldeten Besuch gehabt, dass seine Sekretärin sogar einen befreundeten amerikanischen Kollegen im Vorzimmer abwimmeln musste, als der spontan um ein Gespräch bat. Als sie daraufhin dem Professor Vollzug melden wollte, war dessen Zimmer scheinbar leer.

Bis Adorno aus dem Schrank kletterte, wo er sich versteckt hatte.

Er sei, so Genazino, »beinahe überzeugt, daß Adorno, hätte er selbst seine Flucht in den Schrank beschrieben, den Durchbruch zum komischen Text geschafft hätte …«

Adorno als freiwillig komischer Autor, das wäre …

Andererseits: Natürlich kann man über die Geschichte lachen, in jenem kalten Sinne, in dem Henri Bergson das Lachen definiert hat. Ich finde sie aber eher anrührend, weil ein Mensch, der sich aus Angst vor jeder Spontaneität vor einem Freund im Schrank verstecken muss, mein Mitgefühl hervorruft.

Wenn Adorno sie selbst erzählt hätte, wäre sie dann *komisch* gewesen?

Oder nicht vielleicht eher: heiter?

18

Ein Frühlingstag in den Tiroler Bergen.

Es ist früher Abend, die Sonne ist gerade hinter dem Berg verschwunden. Ich mache um den Bauernhof herum, auf dem wir wohnen, einen Spaziergang über Wiesen und Wege, die dunkle Kammer fliehend.

Es hat geregnet, alles ist noch nass, und ich beobachte auf dem Asphalt der Straße, die sich zum nächsten Hof hinüberwindet, einen Regenwurm. Er ist sicher zehn Zentimeter lang und kriecht Richtung Wiese, streckt sich dabei zuerst nach vorne aus, wo der Körper tiefviolett ist, kontrahiert dann den lichtbraunen Hinterleib und erreicht so das Wiesengrün.

Irgendwie sieht der Wurm aus wie der Darm eines kleinen Tieres, der dessen Leib verlassen, sich selbstständig gemacht hat und die Welt untersucht, eine seltsame Vorstellung, aber interessant: Ein Intestinum macht Urlaub von den Eingeweiden, denen es sonst angehört.

Ich schaue ihm eine Viertelstunde lang zu, bis er zwischen den Halmen abtaucht, wo ich ihn nach einer Weile nicht mehr finden kann. Ob er sich bereits in den Boden gegraben hat? Wie machen Würmer das eigentlich genau: sich in die Erde graben? Und wie lange dauert es, bis einer von ihnen unter meinen Füßen komplett abgetaucht ist?

Warum bin ich nicht Biologe geworden, denke ich in solchen Momenten, warum nicht Wurmforscher, warum verbringe ich nicht mein Leben auf Wiesen dieser Art, beschäftigt mit der Beobachtung von Kriechtieren?

Dann fällt mir ein, dass auch der Regenwurmfachmann einen Alltag hat, er Tiere sammeln und sezieren muss, Buch darüber zu führen hat, Mails mit anderen Kennern der *Lumbriciden* austauschen muss. Und vielleicht ist es viel schöner, nur ein Mann zu sein, der einen Spaziergang macht und dabei die Anstrengungen eines Wurms beobachtet.

Ich gehe weiter und widme mich den Details der Wiese, das heißt: Ich schaue nicht in die Berge, nicht in die Ferne, nicht auf den Schnee nördlich im Kaisergebirge oder auf dem Venedigergipfel im Süden.

Ich schaue nach unten.

Auf das Laub im Gras, auf meine Stiefel, die im weichen, satt-feuchten Boden versinken, auf die Moosstrukturen an einem Baumstamm, die Täler und Furchen in seiner Rinde, den Stacheldraht, der irgendwann mal außen am Baum befestigt war und nun zwei Zentimeter durchs Holz führt, weil der Stamm weitergewachsen ist und den Draht in sich aufgenommen hat. Schlüsselblumen blühen, ein paar Krokusse auch, dazwischen zehn

Zentimeter tiefe Löcher im Boden, in denen im Herbst die Kühe standen und in zwei, drei Wochen wieder stehen werden, mit langen rosa Zungen Wasser aus dem Bach schlabbernd.

Der Bach fließt unten weiter, die vielfältig strukturierte, nie gedüngte Bergwiese trennend von der öderen, schlichten Mähwiese, die alle paar Wochen mit Odel begossen wird und auf der deshalb nur jene paar Gräser wachsen, die den Nährstoff am besten verwerten können und alles Zierlichere, Sensiblere verdrängen. Er plätschert über kleine Stufen, auf denen das Wasser eine Weile wartet und sich verbreitet, bevor es weiterfließt.

An einer dieser Stufen, winzigen Stromschnellen ähnlich, schwimmt ein gelber Tennisball, hinein ins rauschende Wasser und wieder hinaus in die stilleren Bereiche am Bachrand, dann zurück ins Sprudelnde. Spielt er mit dem Wasser oder das Wasser mit ihm? Immer wenn ich denke, nun wird es mit ihm gleich weiter bachab gehen, schwimmt er, von geheimen Kräften gelockt, wieder zurück zum Wassersprudel, tanzt eine Weile auf den Wellen, treibt zur Seite, ruht aus – und wieder hinein ins Gehopse zwischen hellen Wellen und zerplatzenden Luftblasen.

Es hört nicht auf, zehn Minuten nicht, zwanzig Minuten nicht, eine halbe Stunde lang nicht. Am nächsten Morgen werde ich zurückgehen und den Ball immer noch sehen, vertieft ins unaufhörliche Spiel mit dem klaren Bach, den ich so lange betrachte, bis die Familie mich zu suchen begonnen hat und über die Wiese hinweg zum Abendessen ruft, wo ich fast jubelnd von meinen kleinen Erlebnissen berichte.

Was ist es genau, das mich nach diesem Spaziergang so heiter stimmt?

Ich vermute: Es ist die kindlich-naive Form der Beschäftigung mit der Welt, das Erstaunen über kleine Dinge, das absichtslose Beobachten.

Vor längerer Zeit habe ich ein Buch gelesen, das mich lange beschäftigte. Es heißt *Kopfkissenbuch* und stammt von Sei Shōnagon, einer Hofdame der japanischen Kaiserin um das Jahr 1000 herum, ein Klassiker der japanischen Literatur. Sei Shōnagon widmet sich in den kleinen Essays und Betrachtungen, aus denen das Buch besteht, den Details ihres Alltags und des Lebens am Hof.

Sie schreibt:

Wenn es um den 9. Monat die ganze Nacht hindurch regnet, dann morgens aufhört und die Morgensonne strahlend hervorbricht, sehen die Tropfen, die die Pflanzen im Palastgarten zum Überfließen benetzen, ganz wundervoll aus. Die zerrissenen Spinnengewebe auf den Zierstücken am Lattenzaun und am Vordach, die der Regen durchnässt hat, sehen so überaus hinreißend und prächtig aus, als habe man glitzernde

Perlen daran aufgereiht. Steigt die Sonne ein wenig höher empor, fallen die Tropfen von den regenschweren Buschkleezweigen, und die Zweige wippen plötzlich hoch. Mich begeistert es, wie diese Zweige hochschnellen, obwohl kein Mensch sie angefasst hat, aber Leute anderen Sinnes mögen an dem, was ich hier erzähle, nichts Besonderes finden. Das soll mir auch recht sein.

Das ist einfach und leicht geschildert, unter Verzicht auf jede Überhöhung oder Vertiefung. Alles ist nur, wie es eben ist: Es geht um die Wahrnehmung der Dinge und des Lebens, das Anschauen – wie es Kinder tun. Würde man moderne Schlagwörter benutzen wollen, müsste man vom *Hier und Jetzt* reden, von *Achtsamkeit*, aber damit zieht man wieder so eine Art Kunstharz über die Sache, versieht sie mit den dicken Quatsch-Stempeln unserer Zeit und stellt alles ins Regal zu den anderen Halbwahrheiten, ohne sich damit weiter zu beschäftigen.

Ach ja, und ich weiß, dass man einem Text wie dem zitierten leicht mit der üblichen Ironie zu Leibe rücken, ihn verhöhnen kann in seiner zierlichen Lieblichkeit, *wundervoll, hinreißend, regenschwer …*

Ich mag das trotzdem, weil es damals vermutlich nicht abgenutzt klang, sondern echt. Es war nicht durch übermäßigen Gebrauch ironiefähig.

Aber jetzt, was heißt das: sich wie ein Kind zu verhalten?

Es bedeutet, erstens ohne großes Wissen auf die Welt zuzugehen, zweitens mit großer Neugier sich den Reizen der Welt interessiert zu überlassen, drittens: dabei nicht das Gewicht eines irgendwie zu verteidigenden sozialen Status auf den Schultern zu tragen.

Es heißt, all das zu vergessen, für den Moment oder für länger, »stundenlang in Ruhe zu verharren und meine Aufmerksamkeit mit scheinbar geringen Gegenständen zu beschäftigen (Gesetze des Mückenfluges, Rhythmik der Sonnenstäubchen, Melodik der Lichtwellen usw.)«, wie Hermann Hesse geschrieben hat, woraus »ein wachsendes Erstaunen über die Vielheit des Geschehens und ein beruhigendes, völliges Vergessen meiner selbst« entsprungen sei.

Selbstvergessenheit.

Könnte ein Spaziergang über feuchte Wiesen der Beginn eines Weges sein, heraus aus dem ständigen Bewerten der Dinge und der Menschen, zu dem wir erzogen und ständig wieder neu genötigt werden? Da ich mich viel in Italien aufhalte, sehe ich oft die Touristenschwärme, die durch Venedig oder Rom ziehen, Menschen, die fast immer ein Smartphone in der Hand haben und alles, was sie sehen, fotografieren und gleich in sozialen Medien aller Art veröffentlichen, wo es wiederum sofort betrachtet und mit *Likes* und Gefühlsgesichtern beurteilt wird.

Man schiebt zwischen sich und die Welt eine Maschine, die nichts anderes tut, als einen des direkten Kontaktes zur Welt zu entheben, alles sofort unter die Urteilsraster anderer zu legen und damit unmöglich zu machen, worum es in der Betrachtung von Kunst und Architektur gehen könnte und wovon ich rede: Selbstvergessenheit.

Wer sich nur flüchtig mit Buddha und seinen Ansichten beschäftigt hat, weiß, dass dieses Wort genau jenen Beginn des Abschieds vom ewigen Ichichich bedeutet, das uns seiner Auffassung nach den Weg zum reinen Glück versperrt.

Der japanische Autor Ken Mogi, ein Neurowissenschaftler und Schriftsteller, schildert in seinem Buch *Ikigai*, in dem es um die Lebensphilosophie der Japaner geht, einen Besuch im Eihei-ji-Tempel, einem der Zentren des Zen-Buddhismus, in der japanischen Stadt Fukui gelegen. Um dort als Priesterkandidat akzeptiert zu werden, muss einer tagelang vor dem Tor warten, manchmal im strömenden Regen, was den Aspiranten schon draußen lehrt, was ihn drinnen erwartet: das Adieu-Sagen zum Ich, die Negierung des Selbst, das Runterfahren des Egos.

Wer dort studiert, soll begreifen: Das Glück liegt in der Erfahrung, dass die eigene Individualität keine Bedeutung mehr hat. Wie wirke ich auf andere, wie kann ich meinen Konkurrenten übertreffen, wie kann ich der

Beste sein? Das alles und der damit verbundene Stress sind dann keine Fragen von Bedeutung mehr.

Man steht dort um drei Uhr morgens auf, wäscht sich, meditiert, putzt, meditiert, isst Reis, Suppe und Gemüse, meditiert wieder. »Wer in die Atmosphäre des Tempels eintaucht«, schreibt Mogi, »erlebt ein Gefühl beinahe zeitlosen Glücks. Als müsse das Fehlen von Individualität und Bewertungssystemen ausgeglichen werden, gibt es im Tempel eine Fülle heiterer Schönheit; sie liefert das Umfeld, in dem die Schüler ihre täglichen Rituale durchführen.«

Dies gelesen habend, möchte man sofort seine Sachen packen, nach Japan reisen und das zeitlose Glück entdecken. Aber dann mag man doch seinen Beruf zu sehr, liebt die Familie und möchte bei ihr sein, außerdem schmeckt das Essen beim Italiener gut. Und möchte man wirklich, vor Glück ganz blöde, einen Tempel durchwandern?

Auch ist drei Uhr ein wenig früh, nicht wahr?

Kommt hinzu: Ich bin nicht auf der Suche nach dem großen Glück, sondern auf dem Weg zu mehr Heiterkeit im Leben. Wenn vom Glück die Rede ist, werde ich misstrauisch, allzu oft wird es versprochen, und letztlich wird nur ein Geschäft auf Kosten der Menschen gemacht, die immer unglücklicher werden ob der Tatsache, dass sie das Glück dann nicht finden.

Und ich war ja beim Abendspaziergang über die

Wiese und meiner freundlichen, erleichterten Stimmung danach. Das Verblüffende ist nur: Der seelische Mechanismus scheint im Prinzip derselbe zu sein. Wenn es im Eihei-ji-Tempel um das große Loslassen geht, dann auf der Tiroler Wiese um das alltägliche Vergessen meines kleinen, angestrengten, müden, erschöpften Selbst.

Könnte ich – wenn es mir darum geht, ein heiterer Mensch zu sein – dieses Sich-selbst-Vergessen zum Bestandteil des täglichen Lebens machen?

Kann man damit sein Leben durchheitern?

19

Durchheitern ist ein schönes Wort. Es liest sich zuerst wie durchbraten, durchsetzen, durchdringen, durchhalten, durchmachen, durchsaufen. Aber es ist anders, weil es nicht auf der ersten Silbe betont wird, also auf dem *durch*, sondern auf dem zweiten Wortteil.

Durch*heitern*.

Es stammt von Thomas Mann. In einem Brief, in dem es um seinen *Doktor Faustus* ging, ein wahrhaft nicht einfaches und absolut tragisches Werk, lese ich: »Die Sache ist schwer, düster, unheimlich, traurig wie das Leben, ja noch mehr so, als das Leben, da immer Idee und Kunst das Leben übertreffen und übertreiben. Um genießbar zu sein, bedarf die Geschichte der Durchheiterung, und dazu bedarf es der Heiterkeit. Aber die ist mir bisher ja auch in schlimmeren Zeiten nicht ausgegangen.«

Mann schrieb über seinen Stil 1951 in einem Brief an Irita Van Doren, über Jahrzehnte die Redakteurin der Buchbesprechungen in der *New York Herald Tribune*: »Mein Streben ist, das Schwere leicht zu machen; mein Ideal: Klarheit; und wenn ich lange Sätze schreibe, wozu die deutsche Sprache nun einmal neigt, lasse ich es mir, ich glaube: nicht ohne Erfolg, angelegen sein, der Periode vollkommene Durchsichtigkeit und Sprechbarkeit zu wahren.«

Er sah sich selbst in seinem Werk als anknüpfend an die Tradition der Weimarer Heiterkeit Goethes und Schillers, er hat immer wieder betont, für wie wichtig er Heiterkeit als Kunstbegriff hielt, und er bezeichnete sich, wie er ebenfalls an Frau Van Doren schrieb, »in erster Linie als Humorist«. Humor sei, schrieb er, »ein Ausdruck der Menschenfreundlichkeit und guter Erdenkameradschaft, kurz der Sympathie, welche es darauf absieht, den Menschen ein Gutes zu tun, sie das Gefühl der Anmut zu lehren und befreiende Heiterkeit unter ihnen zu verbreiten«.

Wobei Humor der Bescheidenheit verwandt sei, ein Satz, der mir immer sehr gefallen hat.

Er schrieb: »Ich bin weit eher zum Repräsentanten geboren als zum Märtyrer, weit eher dazu, ein wenig höhere Heiterkeit in die Welt zu tragen, als den Kampf, den Haß zu nähren.« Und nimmt Bezug auf die Frage Franz Schuberts, ob es eine lustige Musik gebe. Seine Antwort ist: »Kennen Sie ein trauriges Kunstwerk? Kunst ist ja doch im tiefsten Grunde heiter.« Für ihn war Heiterkeit keine oberflächliche Stimmung, sondern Teil seiner Kunstauffassung, ein Prinzip und ein verstandesmäßiger Akt, eine Art der Distanzierung vom Leben.

Man versteht das leicht, wenn man die *Buddenbrooks*

liest, den *Felix Krull* oder, sagen wir, ein Nebenwerk wie *Herr und Hund*. Man sieht es auch im *Zauberberg*, wo all die Tuberkulosekranken in einer gewissen Aufgeräumtheit und durch die Davoser Bergluft noch gesteigerten, sozusagen höheren Heiterkeit dem Tod entgegenstreben.

Aber wie passt das zum *Doktor Faustus*, den er während der Nazizeit im Exil in Pacific Palisades schrieb? Dessen Hauptfigur ist der Komponist Adrian Leverkühn, dessen Hauptwerke wiederum *Apocalipsis cum figuris* und *Dr. Fausti Weheklag* heißen und im Roman als »Monstre-Werk der Klage«, als »riesenhaftes Lamento« sowie »eine immerwährende, unerschöpflich akzentuierte Klage von schmerzhaftester Ecce homo-Gebärde« beschrieben werden.

Wuff!

Apokalypse, Klage, Lamento, *Ecce homo*.

Und dann heiter!

Es passt in der beschriebenen Weise: indem Mann das alles, die tragische Lebensgeschichte des schwermütig-einsamen Tonsetzers, der im Zusammenbruch nach wirrer Rede und dem Anschlag eines letzten dissonanten Akkordes auf dem Klavier in der Nervenheilanstalt und schließlich in Demenz und Einfalt endet, indem also Mann diese fürchterliche Story von einem Freund Leverkühns erzählen lässt.

Der heißt Zeitblom mit Nach- und Serenus mit Vornamen (also *der Heitere*, denn dies bedeutet das lateinische Wort *serenus*). Andere Figuren tragen so schöne, ins Alberne lappende Namen wie Meta Nackedey, ein »verhuschtes, ewig errötendes, jeden Augenblick in Scham vergehendes Geschöpf«, Helene Ölhafen (Ehefrau des Erzählers), Sixtus Kridwiß, ein harmloser Rheinhesse, der in München immer Herrenabende veranstaltet und dabei alles »scho enorm wischtisch« findet, auch der als Theologe auf »Dämonologie« spezialisierte Privatdozent Schleppfuß, »eine kaum mittelgroße, leibarme Erscheinung, gehüllt in einen schwarzen Umhang«.

Mann schrieb, wie gesagt, die Sache bedürfe eben zur Genießbarmachung der *Durchheiterung*, siehe oben.

Aber geht es *nur* um Genießbarmachung? Ist das *nur* eine Erzählweise?

Das ist es *auch*. Aber es ist mehr, es ist eben eine Haltung dem Pathetischen, Tragischen, ja, dem Leben gegenüber. Wenn man etwas heiter erzählt, das an sich nicht heiter zu sein scheint, dann leugnet man nicht das Traurige, Finstere, Existenziell-Fürchterliche, das im Erzählten stecken mag, man relativiert es nicht einmal.

Aber man macht es auf eine bessere Art und Weise zugänglich, man schafft ein anderes Bild, ja, *man malt überhaupt erst das ganze Bild*. Denn allein mit tiefem Ernst ist das Leben nun mal nicht zu fassen.

Besser, man durchheitert es.

20

Mann verfasste den *Doktor Faustus* im Exil, das Buch gehörte zu seiner Reaktion auf diese Zeit, abgrundtief traurig und heiter zugleich.

Für Mann war Heiterkeit eine Art Gegengift gegen die Nazis, ja, im Grunde gegen jede Art von Unterdrückung und Entmenschung. Er behauptete sie als Haltung in ihrer Helligkeit gegen den Terror und den Fanatismus seiner Zeit.

In der Überspanntheit der künstlerischen Existenz Adrian Leverkühns im *Doktor Faustus* hat man einen typischen Vertreter jenes humorfreien Künstlertums gesehen, das in Deutschland nach 1900 zur Leitfigur geworden war, personifiziert durch Autoren wie Stefan George, Ludwig Klages und Oswald Spengler, geistige Wegbereiter der Nazis.

Als Mann 1934 zum ersten Mal nach Amerika reiste, mit dem Schiff natürlich, las er unterwegs Cervantes' *Don Quijote* und schrieb darüber ein kleines Büchlein: *Meerfahrt mit Don Quijote.* Er bewunderte die »bescheiden handwerkliche Grundstimmung und Grundverfassung«

des spanischen Dichters eines der heitersten Bücher der Weltliteratur, und er empfand den damaligen Künstlerkult in Deutschland als krankhaft: das ewige Ich, die Einsamkeit, die Vergeistigung. Cervantes sei »aus der bescheiden-gediegenen, sachlich-kundigen Handwerkskultur« heraus zu einem Großen geworden. In Deutschland aber fange man stets schon als Genie an. Der *Don Quijote* sei nicht als Genie-Werk, Welt-Buch, Menschheitssymbol geplant worden. Genau so müsse es sein. Bescheidenheit habe am Anfang der Arbeit zu stehen.

Er erinnerte sich an ein Gespräch mit Hugo von Hofmannsthal. Der habe ihm erzählt, von welcher Heiterkeit das früher in Österreich gewesen sei, wenn man einen großen Musiker besucht habe: »Setzen's Ihnen!«, habe der gesagt. »Mögen's einen Kaffee? Soll ich Ihnen eins aufspielen?« So entspannt sei das gewesen.

Und heute? Heute sähen die Künstler alle aus wie »kranke Adler«.

Mann schrieb dann: »Gewiß, das ist es. Die Künstler sind kranke Adler geworden durch den Verfeierlichungsprozeß, den die Kunst seither durchgemacht und der das Künstlertum – im Durchschnitt – auf eine unglückselige Weise erhöht und melancholisiert, auch die Kunst selbst einsam, melancholisch, isoliert, unverstanden, zu einem ›kranken Adler‹ gemacht hat.« Er notierte auch, der Ehrgeiz müsse »mit dem Werk heranwachsen, das sich selber größer will, als der heiter staunende Künstler es meinte, mit jenem verbunden sein und nicht mit dem Ich des Künstlers. Es ist nichts falscher als der abstrakte und vorsachliche Ehrgeiz, der Ehrgeiz an sich und unabhängig vom Werke, der bleiche Ehrgeiz des Ich. Ein solcher sitzt da als kranker Adler«.

Viele Jahre später, 1953, antwortete er brieflich auf die Frage, woran er glaube, so: »Ich glaube an das Gute und Geistige, das Wahre, Freie, Kühne, Schöne und Rechte, mit einem Wort an die souveräne Heiterkeit der Kunst, dieses großen Lösungsmittels für Haß und Dummheit.«

Faschisten, Nazis, Diktatoren kennen Lachen entweder gar nicht oder nur als Lachen über andere, als Verhöhnen, Verlachen, Verspotten, Amüsement über fremdes Leiden. Das Lächeln ist ihnen immer ein abfälliger Gesichtsausdruck. Könnten sie über sich selbst lachen oder lächeln, hätten sie irgendeine Art von Distanz zum eigenen Leben, dann wären sie keine Faschisten, Nazis, Diktatoren.

Donald Trump, der vielleicht gern Diktator geworden wäre (dazu hat es Gott sei Dank bisher nicht gereicht), wurde 2011 beim *White House Correspondents' Dinner* vom amtierenden Präsidenten Barack Obama dermaßen verspottet, dass er, abgrundtief gekränkt, vielleicht in diesem Moment beschloss, selbst für die Präsidentschaft zu kandidieren.

Obama kündigte ein Video seiner Geburt an, das dann

auch auf Bildschirmen gezeigt wurde, ein Trickfilm, wie sich herausstellte. Und erwähnte, der Staat Hawaii habe gerade seine Geburtsurkunde veröffentlicht. (Nachdem ja, unter anderem von Trump, immer wieder bezweifelt wurde, er sei in den USA geboren.) Obama sagte: »Niemand ist glücklicher, dass wir den Streit um die Urkunde endlich beenden können als *The Donald*. Er kann sich nun um wichtige Dinge kümmern: etwa die Frage, ob die Regierung die Mondlandung gefälscht hat.«

Dann machte er sich über dessen Show *Celebrity Apprentice* lustig, in der es stets darum ging, wen Trump als Nächsten feuern würde. »Ja, diese Art von Fragen würde mir auch nachts den Schlaf rauben«, sagte er. (Wobei Obama gerade vor der Entscheidung stand, Bin Laden in seinem Haus in Pakistan zu erwischen, was bekanntlich geklappt hat. Aber es hätte auch danebengehen können, und dann …)

Im *New Yorker* schrieb Adam Gopnik:

Ein paar Tische von uns Zeitschriftenschreibern entfernt, saß Trump, und seine Demütigung war so absolut und so sichtbar, wie ich es noch nie gesehen habe: Sein Kopf unbewegt, wie ein Mann an einem Pranger, rührte er sich kaum oder veränderte seinen Gesichtsausdruck, als eine Welle von Gelächter nach der anderen ihn traf. Es gab keine Spur vorgetäuschter guter Laune an ihm, nicht eine Unze von der ›Hey, good one on me!‹-Haltung des normalen Politikers oder amerikanischen Normalbürgers – diese dickhäutige Fröhlichkeit, die fast alle amerikanischen Persönlichkeiten der Öffentlichkeit zu kultivieren lernen, wie schmerzlich das auch sein mag. Kein Kopfnicken oder Händeklatschen oder Kinnschütteln oder verlegenes Grinsen – er saß vollkommen still, das Kinn angespannt, in verschlossener, unbeweglicher Wut.

Wenn der Sturm aufs Kapitol irgendwo einen Ursprung hatte, dann hier.

Das ist der Grund, warum das bräsige Lachen von Diktatoren nichts mit unserem Begriff zu tun hat. Es ist die reine Selbstgefälligkeit. Menschen wie Putin, Trump, Xi Jinping können, wenn überhaupt, nur über andere lachen, nie über sich selbst. Sie sind in der Regel früh vom Leben Gekränkte, die sich für diese Kränkungen an anderen rächen, die damit überhaupt nichts zu tun haben. Sie haben eine große Distanz zu allem und jedem. Aber nie zu sich selbst. Und das ist der Grund, warum Heiterkeit als Haltung nicht einfach nur eine Waffe gegen den Terror der Diktatoren ist und immer sein wird.

Sie ist ein ihnen entgegengesetztes Prinzip, etwas Unvereinbares.

21

In diesem Zusammenhang muss es um Werner Finck gehen.

Werner Finck? Warum?

Finck erschien mir immer als Verkörperung unseres Begriffs. Als ich ein junger Mensch war, in den sechziger und siebziger Jahren also, hatte ich ihn bisweilen im Fernsehen gesehen. Da war ein immer heiterer, lächelnder Mann in Anzug und Krawatte, der blendend, elegant, bissig formulierte, mit jenen kurzen Verzögerungen und kalkulierten Stottereien, die ihn berühmt gemacht hatten.

In der Zeit, in der er ein Star des Kabaretts geworden war, habe ich ihn allerdings nicht gesehen, nicht sehen können, in den dreißiger Jahren. Da war ich noch nicht geboren, Gott sei Dank.

Und weil es um diese Zeit praktisch keine Fernseh- und Filmaufzeichnungen von Kabarettabenden gab, zumal die Nazis das auch nicht zugelassen hätten, kennen ihn heute nur ältere Leute.

Die Jüngeren sollten mit seinem Namen aber auch etwas verbinden können, finde ich.

Finck, 1902 in Görlitz geboren, gründete 1929 mit anderen das Kabarett *Die Katakombe* in Berlin. Es gab dort Sketche und Parodien, Finck führte durchs Programm, das Leute wie Erich Kästner, Ernst Busch, Hanns Eisler, Theo Lingen, Rudolf Platte, Ursula Herking gestalteten, allesamt Berühmtheiten ihrer Zeit. Der Beste war aber vermutlich Finck, jedenfalls auf seinem Gebiet des spontanen Witzes, der raffinierten Andeutung, der großartigen Doppeldeutigkeit, des halben Satzes, der vollkommener war als jeder ganze es gewesen wäre.

Als die Nazis schon an der Macht waren, saßen regelmäßig die Spitzel im Publikum und notierten, was sie hörten. Finck schrieb in *Alter Narr – was nun?*, seinen 1972 veröffentlichten Erinnerungen: »Einmal fragte ich einen, der so unauffällig wie möglich mitschrieb: ›Spreche ich zu schnell? Kommen Sie mit? – Oder – muß ich mitkommen?‹«

So was war gefährlich, der Spaß war längst vorbei.

Unter dem Aktenzeichen B.-Nr. 41551/35 II 2 C 8057/35 notierte die Gestapo am 16. April 1935:

Das Publikum in der »Katakombe« setzt sich in der überwiegenden Mehrzahl aus Juden zusammen, die den Gemeinheiten und der bissigen, zersetzenden Kritik des Conférenciers Werner Fink fanatisch Beifall zollen. Fink ist der typische frühere Kultur-Bolschewist, der offenbar die neue Zeit nicht verstanden hat oder jedenfalls nicht verstehen will und der in der Art der früheren jüdischen Literaten versucht, die Ideen des Nationalsozialismus und alles das, was einem Nationalsozialisten heilig ist, in den Schmutz zu ziehen.

Nicht mal seinen Namen konnten sie richtig schreiben.

Finck machte weiter. Friedrich Luft, der berühmte Berliner Kritiker, schrieb über den Freund: »Er machte politisches Kabarett, als andere längst nur noch Kabarett machten. Man ging, zu sehen, wie er den Kopf in die Schlinge steckte. Man ging, mit lustvollem Schauder zu erleben, wie er aufs Seil ging, ohne Netz. Er war darauf aus, den braunen Herrschenden ein Ärgernis zu sein und legte es darauf an, sich oben unbeliebt zu machen, während die Leute unten im Zuschauerraum lachten. Er schlug mit halben Sätzen um sich. Er hatte die List erfunden, etwas zu sagen – und es doch nicht zu sagen.« Und: »Nie habe ich einen Menschen so guter Dinge in so mieser Lage gesehen. Seitdem verehre ich ihn.«

Sebastian Haffner nannte in seinen 1939 im Londoner Exil verfassten, aber erst 2000 aus dem Nachlass unter dem Titel *Geschichte eines Deutschen* veröffentlichten Erinnerungen an die Jahre 1914 bis 1933 die Katakombe »den einzigen öffentlichen Ort in Deutschland, wo eine Art Widerstand geleistet wurde – mutig, witzig und elegant«. Über Finck schrieb er: »Sein innerstes Wesen war

Harmlosigkeit und Liebenswürdigkeit. Sein Witz war sanft, tänzerisch und schwebend; sein Hauptmittel der Doppelsinn und das Wortspiel, in dem er allmählich ein Virtuose wurde. … Er wagte es, über die Wirklichkeit der Nazis zu sprechen – mitten in Deutschland.«

Am 31. März 1933 wurde das erste Gesetz zur Gleichschaltung der Länder mit dem Reich verabschiedet, die Nazis bauten ihren Staat. An diesem Abend saß Haffner in der Katakombe, hörte und sah Finck und notierte weiter: »In seinen Conférencen kamen die Konzentrationslager vor, die Haussuchungen, die allgemeine Angst, die allgemeine Lüge; sein Spott darüber hatte etwas unsäglich Leises, Wehmütiges und Betrübtes; und eine ungewöhnliche Trostkraft.« Das Publikum habe gelacht, wie er nie ein Publikum lachen gehört habe, wahrscheinlich hätte es, wären alle verhaftet worden, auch danach weitergelacht. »Wir waren auf eine unwahrscheinliche Weise über Gefahr und Angst hinweggehoben.«

Finck dichtete:

Es weht ein frischer Wind, zwei, drei,
Wir wollen wieder lachen,
Gebt dem Humor die Straße frei,
Jetzt muß auch er erwachen.

Das musste dann auch aus dem Programm entfernt werden.

Schließlich schrieb er *Das Fragment vom Schneider.*

Darin lässt sich ein Kunde einen Anzug anmessen. Der Schneider sagt, er habe eine Menge auf Lager, der Kunde antwortet: »Aufs Lager wird ja alles hinauslaufen.« Schließlich fordert der Schneider den Mann auf, den rechten Arm zu heben. Er misst ab, murmelt Zahlen wie 18/19, dann 33, dann sagt er: »Ja, warum nehmen Sie denn den Arm nicht herunter? Was soll denn das heißen?« Darauf der Kunde: »Aufgehobene Rechte …«

Eine Anspielung, die damals sehr gut verstanden wurde und auf der Bühne den entsprechenden Erfolg hatte.

Finck wurde verhaftet, die Katakombe geschlossen. Man brachte ihn ins Gestapo-Hauptquartier in die Prinz-Albrecht-Straße.

Er berichtete später:

Bei meinem Eintritt sprang ein baumlanger SS-Mann auf mich zu und fragte: »Haben Sie Waffen?« »Wieso?«, fragte ich. »Braucht man hier welche?«

Er saß im Gefängnis. Dort begegnete ihm unter anderem Ferdinand Friedensburg, von den Nazis des Amtes enthobener Kasseler Regierungspräsident, nach dem Krieg lange CDU-Bundestagsabgeordneter. Finck habe eine »vorbildliche Haltung gegenüber der häßlichen Umgebung« gezeigt, berichtete er später, »großartig überlegen, fröhlich, frech und fast herausfordernd hochnäsig«.

Es folgte das Konzentrationslager Esterwegen nahe der niederländischen Grenze, wo neben vielen anderen Carl von Ossietzky und der Sozialdemokrat Julius Leber interniert waren. Von jedem Tag, sagte er, hätten er und seine Leidensgenossen geglaubt, »dass es unser letzter sein würde. Und hofften es manchmal sogar«. Es sei »eine grauenhafte Welt« gewesen, schrieb er, »aber nicht ohne Komik«. Die einsitzenden Kabarettisten mussten auf Befehl der sich langweilenden Lagerleitung zu Pfingsten einen Kabarett-Nachmittag gestalten, man glaubt es nicht.

Finck moderierte.

Er wandte sich an seine Kameraden.

Ihr werdet euch bestimmt wundern, wieso wir so munter und fröhlich sind. Nun, Kameraden, das hat seine Gründe: In Berlin waren wir es schon lange nicht mehr. Im Gegenteil. Immer, wenn wir da aufgetreten sind, hatten wir ein unangenehmes Gefühl im Rücken. Das war die Furcht, ins KZ zu kommen. Und seht ihr, jetzt brauchen wir keine Angst mehr zu haben: Wir sind ja drin!

Am 1. Juli 1935 wurde er entlassen. Die Schauspielerin Käthe Dorsch, die zeitweilig sehr eng mit Hermann Göring war, hatte sich für ihn eingesetzt. Er bekam Arbeitsverbot für ein Jahr und landete vor einem der gefürchteten Sondergerichte, dem berüchtigtsten von allen in Berlin-Moabit.

Die Anklageschrift bestand fast ausschließlich aus Sketchen, Chansons, politischen Witzen und Conférencen, weshalb schon bei ihrer Verlesung der Saal zeitweise vor Lachen jubelte. Der Vorsitzende Richter rief:

> *»Wenn das Gelache nicht aufhört, lasse ich den Saal räumen. Wir sind hier nicht im Kabarett!«*
> *Zwischenruf: »Schade!«*

Das *Fragment vom Schneider* musste vorgespielt werden. Finck ersetzte die lebensgefährliche Pointe »Aufgehobene Rechte« durch die Worte »Erhobene Rechte«. Der Staatsanwalt korrigierte: »Es heißt ›Aufgehobene Rechte‹.« Darauf Finck: »Das können Sie sich erlauben zu sagen, Herr Staatsanwalt.«

Aber tatsächlich wurde er mangels Beweisen freigesprochen, die Richter dann freilich strafversetzt in die Provinz.

Als Fincks Arbeitsverbot abgelaufen war, bekam er wieder ein Engagement am *Kabarett der Komiker*, dessen Direktor Willi Schaeffers hieß. Der bekniete Finck, auf jede Art politischer Anspielung zu verzichten, das war der Preis dafür, dass sein Theater noch offen war. Goebbels selbst saß bisweilen in der Loge, man sieht ihn dort auf einem Foto von 1939.

Finck spielte einen Sketch, in dem eine Frau ihn fragte, wie spät es sei. Und er antwortete: »Gnädige Frau, ich darf über die Zeit nicht sprechen.«

Er konnte nicht anders.

1937 trat er tatsächlich unter Leitung Schaeffers bei einem Mitternachtskabarett auf dem Filmball auf, dessen Schirmherr Goebbels hieß, der gerade seine Großzügigkeit demonstrieren wollte und sich sogar zusammen mit dem sehr populären Finck zeigte. Was nur dazu führte, dass der ihm auf die Schulter klopfte und sagte: »Na, Herr Minister, wollen wir uns wieder vertragen?«

Auf der Bühne sagte jemand zu ihm in einem Sketch, er solle keine Witze machen. Er mache keine Witze mehr, antwortete Finck, »weil Witze Pointen haben, und Pointen sitzen müssen«.

Er überlebte die Zeit, weil er sich freiwillig zur Wehrmacht meldete, als Funker. Da war er vor dem KZ halbwegs sicher.

1945 schrieb er: »Bis zuletzt wurde ich von Dr. Goebbels ständig verfolgt. Ich fürchtete mich aber nicht, weil ich lange voraus wußte, daß er sterben würde; denn sein Wahlspruch hieß: ›Siegen oder sterben!‹«

Es war nicht so sehr Fincks Kritik am Regime, die den Nazis unerträglich war. Es war vor allem seine unzerstörbare, prinzipielle Heiterkeit.

22

Vielleicht sollte man an das zu Recht bis heute berühmte Buch *Die Unfähigkeit zu trauern* von Alexander und Margarete Mitscherlich erinnern. Es erschien 1967.

Seine wichtigste These war, man habe sich in Deutschland nach der Nazi-Zeit nicht mit der *Trauerarbeit* und dem *Durcharbeiten* des Vergangenen beschäftigt, auch nicht mit dem jeweils eigenen Anteil an den Verbrechen. Stattdessen habe man all das beiseitegeschoben, zu vergessen versucht und sich »mit einem Bewunderung und Neid erweckenden Unternehmungsgeist auf die Wiederherstellung des Zerstörten, auf Ausbau und Modernisierung unseres industriellen Potentials bis zur Kücheneinrichtung hin konzentriert«.

Die Folge: ein Denken, das sich auf Besitz und Konsum fixierte und die mit Trauer um das Vergangene, Verbrochene, Kaputte, Verschuldete notwendig verbundenen Emotionen nicht zuließ. Wenn es aber Trauer nicht gibt, dann kann es auch Heiterkeit in einem fundamentalen und umfassenden Sinn nicht geben, weil man letztlich das eine Gefühl nicht ohne das andere haben kann.

So ist die Seele nun mal beschaffen.

Wobei die Mitscherlichs notiert hatten, erst wenn man sich von der Fixierung auf den Besitz, die Verbissenheit in ihn verabschiede, wenn man die Angst ablege, ihn zu verlieren, könne dies »in der Welt dazu beitragen, etwas mehr Heiterkeit aufkommen zu lassen«. So gesehen war die Unfähigkeit zu trauern auch eine Unfähigkeit heiter zu sein.

Und vielleicht könnte man sagen, dass es – ähnlich und doch anders – neben der Trauerarbeit auch eine Art von Heiterkeitsarbeit geben könnte, ein Sich-Erkämpfen einer bestimmten Sicht auf das Leben. Denn wie wir gesehen haben: Heiterkeit ist nicht leicht zu haben.

Für manche Autoren ist dieses Sich-Erkämpfen nicht selten der wichtigste und einzige Weg zu einem zumindest partiell heiteren Dasein, weil es ihnen so gelingt, aus düsteren Lebensereignissen das Heitere zu destillieren und jenen Verwandlungsprozess in Gang zu setzen, an dessen Ende wir über die tragischsten Dinge lachen.

Es geht mir darum, zu zeigen: Das eigene Leben muss man selbst gestalten. Und Heiterkeit ist im Leben keineswegs ein weiterer Auftrag, der ja alles wieder einschränken würde wie alle anderen Aufträge, die man so im Leben mitbekommt: Sei fleißig und leiste viel, versuch, immer der Beste zu sein, sei dies, mach jenes.

Sei heiter!? Darum geht es gerade nicht, im Gegenteil. Es geht nicht um ein *Muss*, es geht um ein *Könnte*.

Heiterkeit ist eine Möglichkeit. Die ist fast immer vorhanden.

Sie basiert auf der Anerkennung aller anderen Gefühle. Es geht nicht um einen Zwang: Hör doch auf mit all dem Schwierigen, lach es weg! Das ist das Gegenteil von dem, was ich meine.

Du möchtest nicht heiter sein? Kannst es nicht? Findest es doof? Bitte sehr, niemand verlangt es, woher denn? Dazu hat keiner ein Recht. Es ist dein Leben, führe es, wie du es für richtig hältst, wie du willst und kannst. Aber du solltest wissen, dass es nicht die einzige Möglichkeit ist, das Leben zu führen.

Es geht immer anders.

Robert Musil hat einem Kapitel seines großen Romans *Der Mann ohne Eigenschaften* die Überschrift gegeben: *Wenn es Wirklichkeitssinn gibt, muss es auch Möglichkeitssinn geben.* Und über diesen Möglichkeitssinn heißt es dann:

> *Wer ihn besitzt, sagt beispielsweise nicht: Hier ist dies oder das geschehen, wird geschehen, muss geschehen; sondern er erfindet: Hier könnte, sollte oder müsste geschehn; und wenn man ihm von irgend etwas erklärt, dass es so sei, wie es sei, dann denkt er: Nun, es könnte wahrscheinlich auch anders sein. So ließe sich der Möglichkeitssinn geradezu als Fähigkeit definieren, alles, was ebensogut sein könnte, zu denken und*

das, was ist, nicht wichtiger zu nehmen als das, was nicht ist.

Ist es nicht sehr vernünftig, mit diesem Möglichkeitssinn an das eigene Leben heranzugehen? Denn wenn alles immer anders sein könnte, dann stellt sich manchmal die Frage, *warum es aber nicht anders ist?* Und daran muss sich eine weitere anschließen, nämlich die, ob ich es nicht schaffen könnte, dieses andere so in meinem Leben zu haben, wie ich es gerne hätte.

Michael Ende hat einmal notiert:

Es gibt nur eine Wirklichkeit, aber sie ist wie ein Haus mit vielen Stockwerken, und je nachdem, in welchem man sich gerade befindet, hat man einen anderen Ausblick auf die Welt. Die Stockwerke, das sind unsere Vorstellungen, Gedanken und Gefühle. Zu anderen Zeiten oder bei anderen Völkern hatte man andere Vorstellungen, und deshalb bedeutete die Wirklichkeit dort etwas anderes. Ich beschreibe die Welt von verschiedenen Stockwerken aus.

Vielleicht ist es sinnvoll, sich fürs eigene Leben zu merken: Man muss es immer wieder aus verschiedenen Stockwerken betrachten, vom Dach und vom Keller und manchmal nur aus dem Erdgeschoss. Es ist nicht sinnvoll, zu lange auf einer Etage zu verweilen. Manchmal lohnt ein kurzer Sprung nach oben, und dann und wann muss man das Haus mal ganz verlassen, um etwas anderes zu sehen.

23

Nimmt man alles Gesagte nun zusammen, erkennen wir, was für ein wunderbarer Weg hier vor uns liegen könnte. Einer, auf dem wir die Zumutungen des Daseins nicht leugnen, sondern uns *aus eigener Kraft* über sie erheben, auf dem wir uns dem Schicksal nicht beugen, sondern es annehmen und ihm gerade dadurch trotzen. Ein Weg, auf dem wir dem Finsteren schlicht und einfach nicht erlauben, uns zu beherrschen. Auf dem wir unser Menschsein selbst definieren als eine Zeit, die wir nicht in aufgezwungener Trübnis verbringen wollen.

Entschuldigen Sie das Pathos. Aber allein, dass es diese Möglichkeit geben könnte, hat doch was Großartiges.

Wir sehen aber auch: Es geht hier nicht um einen Seitenweg aus den Lebenszumutungen heraus. Es geht nicht um »positives Denken«, das sich ums Negative herumzumogeln versucht, nein, ganz im Gegenteil. Es sei, so schrieb der schon zitierte Philosoph Wilhelm Schmid, »eine phänomenale Erfahrung, dass sich die Heiterkeit gerade in der Konfrontation mit der Abgründigkeit der Existenz einstellt. Gerade dann, wenn das Leben schwer wird, ist die Heiterkeit als Erleichterung zu entdecken, die sich dadurch auszeichnet, die zugrunde liegende Tragik nicht zu leugnen.«

In der antiken Philosophie gibt es den Begriff der *eudaimonia*. Der wird heute oft mit *Glückseligkeit* übersetzt, was vielleicht nicht ganz richtig ist, weil die Griechen nicht das Glück oder die Euphorie meinten, die wir mit der Glückseligkeit verbinden, eher eine Art *Stimmigkeit* des Lebens, ein Halten von Mitte und Maß, auch eine *Lebensfülle*, das *gute Leben* in Übereinstimmung mit der göttlichen Weltordnung beziehungsweise der Natur. Im Grunde drehen sich alle Auseinandersetzungen von Platon bis Aristoteles, von Zenon bis Mark Aurel und Plutarch bis Seneca um den Weg zur *eudaimonia*. Ihr ist alles untergeordnet, sie gilt als erreichbares, vielleicht sogar *nicht* erreichbares Ideal, als Ziel des Lebens, um seiner selbst willen anzustreben.

Eine wichtige Rolle auf dem Weg des Menschen zur *eudaimonia* spielte die Seelenruhe, die »heitere Meeresstille des Gemüts«, wie Epikur es nannte, Unerschütterlichkeit und Freiheit von Angst, die *ataraxia*.

Interessanterweise haben durchaus unterschiedliche Autoren wie Plutarch und Seneca (der eine Grieche, der andere Römer, der eine Platoniker, der andere Stoiker, jedoch beide fast Zeitgenossen, Plutarch lebte von 45 bis 125 n. Chr., Seneca von 1 bis 65 n. Chr.), interessanterweise also hat jeder für sich ein kleines Werk *Über die*

Seelenruhe geschrieben, *de tranquillitate animi,* beide in Briefform, Plutarch an einen Freund namens Paccius, Seneca an *Serenus*, den *Heiteren*.

Beide Brieffreunde hatten sich Rat zu der sehr grundlegenden Frage erbeten, was sie mit ihrem Leben machen sollten: Sollten sie es der Arbeit widmen oder der Muße, dem tätigen Leben oder der Zurückgezogenheit, dem Genuss oder der Bescheidenheit? Beide bekamen unter vielen anderen einen jeweils ganz ähnlichen Ratschlag: die Philosophie zu nutzen und ihre Werte für sich zu erarbeiten und zu erkämpfen.

Plutarch schrieb an Paccius, »wieviel sich zur Abhärtung gegen Kummer und Leid tun lässt durch geistige Übung, die uns befähigt, Fortuna mit offenen Augen ins Gesicht zu sehen und sich nicht in Phantasien einzuspinnen von einem Leben auf den Inseln der Seligen, mit leeren Hoffnungen, die sich niemals greifen lassen und jede Widerstandskraft lähmen«.

Seneca riet einmal in seinen *Epistulae morales* seinem Freund Lucilius: »Glaub's mir nur, die wahre Heiterkeit ist eine ernste Sache.« Wobei Heiterkeit hier durchaus frei übersetzt ist, *Crede mihi, verum gaudium est res severa,* hatte er geschrieben, man müsste wohl eher sagen: *Wahre Freude ist eine ernste Sache,* so lautet auch der Wahlspruch des Leipziger Gewandhausorchesters seit 1780.

Worauf es mir ankommt: Es könnte der Mühe wert

sein (und das war es den Griechen und Römern der Antike auch), unseren Gemütsschwankungen im Leben und auch unserer Sehnsucht nach Heiterkeit mit ernstem Nachdenken zu begegnen.

Was wir hier schon die ganze Zeit tun.

Was aber hat zum Beispiel Seneca uns zu sagen? Was rät er Serenus, dem Freund, der ihn bittet, »meinen schwankenden Zustand zum Stillstand zu bringen«?

Serenus schreibt, er liebe eigentlich das schlichte Leben, doch wenn er die Prachtentfaltung anderer sehe, finde er keine rechte Freude mehr an materieller Beschränkung. Befasse er sich voller Energie mit den Staatsgeschäften, debattiere zum Beispiel auf dem Forum, erfasse ihn bald Sehnsucht nach Muße. Fortwährend sei er hin- und hergerissen, doch sei es »nicht ein Sturm, der mich schüttelt, sondern die Seekrankheit«.

Seneca antwortet, wonach er, der Freund, suche, sei doch im Grunde eine Unerschütterlichkeit, jene Bestandsfestigkeit der Seele, die bei den Griechen *euthymia*, die Wohlgemutheit, genannt werde, er selbst finde den Begriff *Gemütsruhe* schön.

Und ich finde es erstaunlich, dass die Menschen damals in Griechenland und in Rom sich mit denselben Sehnsüchten beschäftigt haben, wie wir es heute tun. Denn was steckt hinter all unseren Bemühungen in unserem schwankenden Dasein Tag für Tag, Wochenende für Wochenende, Ferien für Ferien, Yogakurs für Yogakurs,

Meditations-App für Meditations-App und Schlammpackung für Schlammpackung anderes als dies: die Suche nach Gemütsruhe?

Seneca findet, die »ewige Unrast« habe etwas mit dem geistigen Schlendrian zu tun, in dem viele Leute ihre Tage verbrächten, »sie leben nicht eigentlich, wie sie wollen, sondern wie sie einmal angefangen haben« – ein ganz toller Satz, mit dem ich heute viel anfangen kann.

Es geht um eine Art des Dahinlebens, eine Entscheidungsunfähigkeit, die mit Bequemlichkeit zu tun haben könnte. Seneca wendet sich gegen das, was er »unachtsames Leben« nennt. Wobei man vielleicht bedenken sollte, dass wir uns hier unter wohlhabenden Römern bewegen, die durchaus die Möglichkeit hatten, sich zwischen Muße und Regsamkeit zu entscheiden. Das galt schon damals nicht für jeden und gilt auch heute nicht für jeden von uns.

Möglicherweise können wir dennoch etwas lernen.

Seneca jedenfalls empfiehlt dem Serenus, was viele antike Philosophen, gerade auch die Stoiker, zu denen er gehörte, empfohlen hätten: ein maßvolles Leben, regsame Tätigkeit für die Gemeinschaft, aber unter guter Einschätzung der eigenen Kräfte und Neigungen, »auf alle Fälle aber uns immer in Bewegung halten und nicht unter dem lähmenden Einfluß der Furcht in Starrheit verfallen«.

Das erinnert an Henri Bergson, nicht wahr? Dass man immer über das Steife, das Erstarrte lacht! Dass man also am besten elastisch bleibt, in vielerlei Hinsicht, physisch, psychisch.

Seneca lobt gute Freundschaften. Er rät ab von jedem Prunk, findet es gut, »die Enthaltsamkeit zu steigern, die Genußsucht in Schranken zu halten, die Ruhmbegierde zu mäßigen, den Jähzorn zu lindern, mit der Armut uns auf freundlichen Fuß zu stellen, die Genügsamkeit in Ehren zu halten, auch wenn sich so mancher bisher ihrer schämte, den natürlichen Bedürfnissen durch leicht zu beschaffende Mittel Befriedigung zu gewähren, ungezügelte Hoffnungen und die Sucht des Plänemachens für ferne Zukunft gleichsam in Fesseln zu halten und es dahin zu bringen, daß wir den Reichtum mehr von uns selbst als vom Glücke erwarten«.

Und vor allem: Seneca empfiehlt, die Erwartungen an das eigene Leben herunterzuschrauben, immer auf alles gefasst zu sein, auch aufs Schlimmste, sich zu fügen ins Schicksal und besonders: nicht zu sehr am Leben zu hängen. »Der führt kein wünschenswertes Leben, der nicht gut zu sterben weiß. Daher muß man vor allem dem Tode keine so hohe Bedeutung beimessen, sondern den Odem zu einer verächtlichen Nebensache machen.«

Und vor allem ist er dafür, dem Hass keinen Raum zu geben, sondern von vorneherein die Verirrungen der Menschen eher als etwas Lächerliches denn als etwas

Verhasstes zu sehen. Es sei besser, es mit Güte und Milde als mit Verachtung zu halten.

»Man muß sich alles leichter machen«, schreibt er, »es steht dem Menschen besser an, das Leben zu belachen, als es zu beweinen.«

Was gefällt mir daran? Und was nicht?

Zunächst einmal finde ich, wie schon gesagt, die Sorgfalt gut, mit der das eigene Leben betrachtet wird als etwas, das es zu achten, zu gestalten, mit Anstand zu führen und schließlich auch in Würde zu Ende zu bringen gilt. Ich mag den Pragmatismus der antiken Philosophie-Schulen, die sich mit den praktischen Fragen des Lebens beschäftigen, dem Umgang mit den Freunden und der Gesellschaft, mit den Ansprüchen, die der Staat an jeden richtet, mit dem Genuss und dem Wohlstand, mit Einsamkeit und Geselligkeit, mit dem Tod.

Was manche Stoiker angeht, Seneca und Mark Aurel zum Beispiel, hat man allerdings den Eindruck, sie würden auch deswegen heute so oft in Management-Seminaren zitiert, weil man ihre Ratschläge gut nutzen kann, einen perfekt den Forderungen der Zeit und der Vorgesetzten angepassten, stromlinienförmigen, leidensfähigen und oberflächlich mit sich selbst zufriedenen Angestellten zu schaffen.

Oder, um es mit dem Spott des Philosophen Pfaller zu sagen, diese Philosophen »zeigen sich vor allem mit der Frage der Austilgung ihrer Leidenschaften beschäftigt und scheinen dementsprechend am Leben vorwiegend insofern interessiert, als es darum geht, es erst abzutöten und dann mit Würde zu verlassen«. Die Leidenschaften seien, habe Seneca geschrieben, »auszutilgen, nicht zu mäßigen«, und bei Mark Aurel lese man, weil das Sterben zum Leben gehöre, genüge es, »auch hierbei seine Pflicht gut zu erfüllen«.

Bezieht man das auf unseren Begriff, bedeutet das nichts anderes, als durch Mäßigung und Strenge sich selbst gegenüber einen Zustand des Über-den-Dingen-Stehens zu erreichen, in dem einen die Grausamkeiten des Daseins nicht mehr erreichen können. Es geht um Ruhe, Abgeklärtheit, Gelassenheit, um den Abschied von Begierden.

Heiter klingt es nicht immer.

Vielleicht sollte man deshalb Folgendes bedenken:

Erstens müsste sich die Forderung nach einem maßvollen Leben ja auch auf genau dieses beziehen. Es gibt so etwas wie ein Unmaß in der Mäßigung, eine Kasteiung des Körpers, ein unentwegtes Fordern, Aufstellen neuer Regeln beim Essen, Abmessen von Kalorien, Proteinmengen, ständiger Erfassung des Pulsgeschehens, des Zählens von Schritten und was moderne Technik noch bietet an Selbstüberwachungsmöglichkeiten.

Zweitens und dem folgend, so wieder Pfaller: »Wenn man ein Leben haben will, das seinen Namen verdient, dann darf man nicht unentwegt vernünftig oder erwachsen sein. Man muss vielmehr imstande sein, sich auch kleine Verrücktheiten oder kindische Dummheiten zu gönnen.«

Anders formuliert: Möchte ich nicht, dass Vernunft gnadenlos wird, muss mir die Vernunft selbst sagen, dass es vernünftig ist, auch mal unvernünftig zu sein. Es könnte der eigenen heiteren Verfassung dienen, das Leben nicht nur in Gelassenheit zum Sterben hinzuführen, sondern es materiell so zu lieben, wie der Brandner Kaspar es liebt, der dem Tod sagt, er solle sich schleichen und ein andermal wiederkommen.

24

Vor einer Weile war ich zu einer sehr schönen und dank der Gastgeberin und vieler Gäste sehr lustigen Party in München eingeladen, bei der es einen Dresscode gab. Er hieß kurz und bündig: Halston.

Roy Halston war ein amerikanischer Modedesigner, dessen Karriere ihren Höhepunkt in den sechziger und siebziger Jahren hatte. Jacqueline Kennedy trug 1961 bei der Amtseinführung ihres Mannes einen Hut, den Halston entworfen hatte. Sein Stil war elegant und minimalistisch, lange, schmale Kleider, seidene Hosenanzüge, Wildleder-Kaftane. Bianca Jagger, Lauren Bacall, Liza Minnelli trugen Halston. Mit Andy Warhol war er befreundet.

Ich zog mir eine schwarze Hose und einen schwarzen Rollkragenpullover an und fiel in meiner Existenzialisten-Uniform nicht auf.

Halston war aber auch für seinen ausschweifenden Lebensstil bekannt, inklusive Drogennutzung aller Art, mag sein, dass er deswegen auch nur 57 Jahre alt wurde. Bei der Party sah man an einer Wand viele Fotos von ihm, auf den meisten hatte er eine Zigarette im Mund.

Also standen den Partygästen auch Zigaretten zur Verfügung.

Jedoch: aus Kaugummi.

Man sah Leute, die Kaugummizigaretten im Mund hatten wie Kinder, die Erwachsene spielen.

Man raucht ja heute nur selten, ist sich aber gleichzeitig anscheinend bewusst, welchen Verlust man durchs Rauchverbot erlitten hat. Denn Rauchen besteht nicht nur im Inhalieren von, nun ja, eben Rauch. Es ist auch eine Welt des Sich-Verhaltens, der Gestik, des Feuergebens und Feuernehmens, des Einsaugens, Aushauchens, Umwölktseins und Sich-in-Qualm-Einhüllens.

Ich habe in meinem Leben selten geraucht. Aber ich habe Raucher viel beneidet um diese Möglichkeiten, die sich mit Kaugummizigaretten leider nicht herstellen lassen. Allerdings komme ich mit dem Neid gut zurecht, vor allem deshalb, weil ich nie Husten habe und frische Luft liebe.

Wir leben, wie es der Journalist Jessen beschrieben hat, in Zeiten voller Verbote und Regeln. Manchmal beobachtet man eine Sehnsucht danach, es möge anders sein, und sei es, wenn man elegant gekleidete Menschen mit Kaugummizigaretten im Mund sieht.

Irgendwie albern, nicht wahr? Das sollte man nie vergessen, wenn man über Menschen nachdenkt. Wir können echt wahnsinnig albern sein. Denn wo, zum Beispiel, sind Eleganz und Verruchtheit des Rauchens geblieben, wenn Menschen an diesen seltsamen metallenen Rauchgeräten saugen, als hätten sie aus Versehen einen Schwangerschaftstest im Mund?

Die Frage ist, was ich mit der Kenntnis dieser Tatsache mache?

Mich aufregen? Oder lächeln?

Weiter vorne habe ich geschrieben, der Witz sei immer auch ein Verstoß gegen Regeln, ein Durchbrechen derselben. Tatsächlich hätte mich interessiert, was geschehen wäre, wenn sich jemand auf dieser Party mit Verweis auf den Dresscode eine echte Zigarette angezündet und sie vergnüglich geraucht hätte. Drinnen, wo es verboten war.

Epikur, der griechische Philosoph, der kein Stoiker war, sondern mit seinen Gedanken und seinem Namen die Schule der Epikureer begründete, den materiellen Freuden des Daseins weit mehr zugeneigt, Epikur also hat gesagt: »Es gibt auch im kargen Leben ein Maßhalten. Wer dies nicht beachtet, erleidet Ähnliches wie derjenige, der in Maßlosigkeit verfällt.« Pfaller zufolge sind wir in einer solchen Welt gelandet. »Wir mäßigen uns maßlos«, hat er geschrieben, wir lebten in einem »obszönen Exzess des Maßhaltens«.

Ach, ist das wirklich richtig? Es mag sein, dass unsere Rauchverbote und Sprachregelungen daran erinnern. Aber die Ferien auf den Malediven, die Wochenendflüge nach Mallorca, die Grillfeste mit Billigfleisch vom Discounter – sind das nicht auch obszöne Exzesse, immer schon gewesen? Ist nicht das ganze Leben der Menschen in der westlichen Welt seit Jahrzehnten ein Exzess? Nur sicher keiner des Maßhaltens.

Machen wir also in unserer Zeit nicht immer wieder genau jenen Spagat, den der bei Seneca Rat suchende Serenus beschrieb, schwankend zwischen Schlichtheit und Prunk, Muße und Geschäften, seekrank also?

Bloß hat Pfaller natürlich trotzdem recht, wenn er schreibt, dass wir oft das Leben nur als Sparguthaben begreifen, argwöhnisch darauf achten, dass uns nichts genommen wird. Dass wir nicht mehr das Verschwenderische sehen, das zu ihm gehört. Dass wir es nicht als Gabe und Geschenk kultivieren, von dem man feiernd auch etwas weitergeben muss. Die für unsere Zeit charakteristische Besorgtheit um Leben und Gesundheit zeige, »ein Leben, welches das Leben nicht riskieren will, beginnt unweigerlich, dem Tod zu gleichen«. Und weiter: »Man kann nur dann genießen, wenn man den Tod nicht fürchtet und das Leben nicht um jeden Preis festzuhalten versucht. Dem Tod gegenüber gelassen zu sein, ist eine entscheidende Voraussetzung, um überhaupt zu leben.«

Dies zur vorhin aufgeworfenen Frage. Muss, wer dem Leben mit Heiterkeit begegnen will, zunächst über seine Todesangst nachdenken?

Ja, muss! Auch wenn ich mehr als hundert Jahre alt würde, auch wenn die Wissenschaft das Altern eines Tages besiegen würde, ich jedenfalls müsste irgendwann sterben, das ist das Gesetz unserer Existenz, und diesem Prinzip gilt es, sich in Würde und Heiterkeit zu beugen.

Ich muss mich daran erinnern, dass ich – jedenfalls wenn es darum geht, Heiterkeit in mein Leben zu integrieren – nicht zu streng mit mir selbst sein sollte. Man kann das Schöne am Leben lieben und sich dabei seiner Vergänglichkeit bewusst sein.

Michel de Montaigne, der im 16. Jahrhundert lebte und mit seinen *Essais* als Begründer der Essayistik gilt, bediente sich in seinen Schriften bei verschiedenen philosophischen Schulen der Antike, den Stoikern, den Epikureern, den Skeptikern, ganz nach Belieben. Montaigne stand mitten im Leben, bekam seine Ideen auf Reisen und bei Diskussionen mit Freunden und ließ sich jederzeit leicht von einem einmal eingeschlagenen Pfad abbringen.

Er unterzog sich durchaus den geistigen Übungen und den Seelen-Trainings der Stoiker, die lehrten, man müsse sich das Übel nur immer wieder vorstellen, um dann nicht von ihm überrascht zu werden. Er sagte: »Ich singe und sage mir beständig vor: Alles, was eines Tages geschehen kann, kann noch heute geschehen.«

Epiktet hatte geschrieben: »Beginne mit dem Geringfügigsten. Liebst du ein Glas, so sage dir: Ich liebe ein

Glas. Zerbricht es, wirst du dich nicht aufregen«. Es ist ja nun einmal ein Glas, und Gläser können brechen, das ist ihre Natur, so hatte er das gemeint. »Liebst du dein Kind oder deine Frau, so sage dir: Ich liebe einen Menschen. Stirbt er, so wirst du nicht aus der Fassung geraten.«

Mir hat diese Gedankenübung oft geholfen, vor allem aber auch die folgende, die sich logisch anschließt: die Freude des Augenblicks. Das Glas ist noch heil! Der Mensch, den ich liebe, lebt!

Die Epikureer hingegen, schreibt die englische Schriftstellerin Sarah Bakewell in ihrem ganz wunderbaren Buch über Montaigne, »waren eher geneigt, den Blick von den schrecklichen Dingen abzuwenden und sich auf das Positive zu konzentrieren«. Montaigne sei oft doch eher ihnen gefolgt, er habe in schwierigen Zeiten auch mal einfach Ablenkung gesucht, sich nach dem Tod eines Freundes verliebt und angesichts des Todes an die Heiterkeit seiner Kindheit gedacht.

Egon Friedell, der heitere Weltbetrachter, hat einmal notiert, Montaigne habe den »Typus des heiteren Weltmenschen« geschaffen, »der starke Neigungen mit schwachen Überzeugungen verbindet und stets gleich bereit ist, zu genießen und zu sterben«.

Zu großen Teilen mag übrigens Friedell, der Wiener Jude, Universalgelehrte, Dramatiker, Schauspieler, Schriftsteller, Kabarettist und Autor der berühmten *Kul-*

turgeschichte der Neuzeit, diesem Ideal selbst entsprochen haben. Als die Nazis Wien erreichten, war er gerade fünfzig Jahre alt. Er schrieb an Ödön von Horváth, er sei »immer in jedem Sinne reisefertig«, und als zwei SA-Männer vor seiner Wohnung standen, sprang er aus dem Fenster im dritten Stock und starb, nicht ohne vorher die Passanten gewarnt zu haben: »Treten Sie zur Seite!«

Montaigne schrieb oft von der *Tugend*, nach der wir unser Leben gestalten sollten. Er nannte sie »eine gefällige, fröhliche Eigenschaft«, die durchaus »reich und mächtig« sein könne, »sie kann gelehrt sein und kann in duftenden Betten schlafen: sie liebt das Leben, sie liebt die Schönheit, den Ruhm und das Wohlergehen. Doch das Besondere, Eigene ist, daß sie sich dieser guten Dinge in geordneter Weise bedienen und sie mit Gleichmut verlieren kann.«

Könnte man dies eine heitere Haltung nennen?

Jedenfalls war Montaignes Denken nicht nur von Stoikern und Epikureern geprägt, sondern vor allem von den Skeptikern, deren Denken der Grieche Pyrrhon begründet hatte. Prinzip dieser Schule war der Zweifel, das *Ich weiß, dass ich nichts weiß,* nach Sokrates' berühmtem Satz. Den freilich ergänzten die Skeptiker um einen Zusatz, der lautete: *Und nicht einmal das weiß ich wirklich.*

Es liegt auf der Hand, dass es schön wäre, wenn uns

dieses Denken in Zeiten, in denen sich so viele Menschen voller Gewissheiten wähnen, wieder ein wenig näherläge.

Skeptizismus heißt, Nichtwissen nicht nur zu akzeptieren, sondern in ihm eine Grundlage unseres Lebens zu sehen. Philosophie bedeutet demnach, sich des Urteils zu enthalten und nicht-urteilend die Welt zu sehen. Jedes Wissen erzeugt nur neues Nichtwissen, jede Lücke, die geschlossen wird, reißt neue auf – dies hinzunehmen, begründet jene Gelassenheit, die *ataraxia*, nach der wir streben, eben weil sie um die prinzipielle Unsicherheit der Welt weiß und ihre Unvollkommenheit kennt.

25

Der Heiterkeit, von der ich rede und die ich mir vorstelle, liegt also eine realistische Lebenshaltung zugrunde.

In seinem vor mehr als sechzig Jahren erschienenen und noch heute hübsch zu lesenden Büchlein *Vom Segen der Heiterkeit* schrieb der Schweizer Schriftsteller Edgar Schumacher, »daß mit einem bloßen Hinausflüchten aus der Bedrängnis des Augenblickes noch ganz und gar nichts getan ist. Daß hier ein Wert liegt, der erworben und erstritten sein will. Daß hier der ingrimmigste Ernst der allernächste Nachbar der Heiterkeit ist.«

Heiterkeit als *Wert, der erworben und erstritten sein will.* Es geht nicht um eine vorübergehende Stimmung, nicht um Fröhlichkeit. Nein, ich spreche von einer *Haltung dem Leben gegenüber.* Schumacher schrieb: »Wir wollen trennen zwischen der Heiterkeit als einem Zufallsgeschenk des guten Augenblicks und der Heiterkeit als einem inneren Erwerb, der zu einem Zustand, zu einer eigentlichen Seelenstimmung werden kann.«

Ein Wert. Eine Seelenstimmung.

Also etwas, das uns im Leben wichtig ist und es bestimmen soll. An dem wir uns orientieren können. Ein

Gemütszustand, dem wir größere Bedeutung als anderen geben wollen. Aber wir leugnen oder verdrängen diese anderen dabei gerade nicht.

Wir kennen den Hass, der uns bisweilen überflutet, möchten ihm aber nicht den Raum geben, den er fatalerweise beansprucht. Gäben wir dem nach, brächte uns das in Abhängigkeit zu einem anderen Menschen – dem Gehassten nämlich – und gäbe diesem Herrschaft über uns.

Wir kennen den Verdruss: über das Wetter, eine Niederlage im Sport, die Arbeit, einen Nachbarn, die aktuelle Steuerpolitik. Dieser Verdruss hat seine Berechtigung, weil das Wetter miserabel ist, die Niederlage schmerzlich, die Arbeit öde, der Nachbar ein Trottel, die Steuerpolitik ungerecht. Aber wir finden es nicht lohnend, in diesem Groll zu leben, weil er oberflächlich ist und es nicht richtig wäre, wenn er unser Leben bestimmte.

Wir kennen die Melancholie, die ein schönes und tiefes Gefühl sein kann, auch die Trauer, um die man oft nicht herumkommt, den Ernst, ohne den es im Leben nicht geht. Aber wir haben gesehen, dass man den Ernst immer auch von seiner komischen Seite sehen kann.

Harald Weinrich, der sich immer wieder sehr mit dem Thema beschäftigt hat, sagte zu diesen Emotionen: »Heiterkeit ist ein sublimes Spiel, dazu gehören Mit- und Gegenspieler, zum Beispiel Melancholie, Trauer, Ernst. Eben darin besteht das Spiel, bei dem man übrigens gewinnen oder verlieren kann.« Er fügte hinzu: »Die wichtigste Spielregel besteht vielleicht darin, dass die Heiterkeit Melancholie, Trauer, Ernst daran hindert, sich ungeniert zur Schau zu stellen.«

Das ist es ja wohl, was Sempé gemeint hat, als er die Frage beantwortete, warum er heiter sei. Ganz einfach, weil er sonst sehr traurig wäre.

Ein Spiel also, das ist auch wichtig. Zum Charakteristikum des Spiels gehört, eine Sache gleichzeitig ernst und überhaupt nicht ernst zu nehmen. Wer sich in ein Spiel vertieft, für den gibt es in diesen Momenten nichts anderes. Und doch weiß er, dass es sich um ein Spiel handelt.

Könnte es sein, dass es hilft, so einen Blick auf unser ganzes Dasein zu werfen? Einen gleichzeitig ernsten und überhaupt nicht ernsten? Das Leben auch als ein Spiel zu sehen?

André Heller hat in seinem Buch *Uhren gibt es nicht mehr* 18 kurze Gespräche mit seiner damals im 102. Lebensjahr stehenden Mutter Elisabeth veröffentlicht. Er fragte sie zum Beispiel, als was sie gerne wiedergeboren würde.

Als große Sommerwiese, antwortete sie, die Blüten, der Duft, die Insekten … Und er?, fragte sie zurück. Vielleicht als wildes Gewitter, war die Antwort des Sohnes, intensiv, turbulent, aber kurz, man könne sich rasch der nächsten Inkarnation zuwenden, »da geht wenigstens was weiter«.

Als was würde ich gerne wiedergeboren?

Als 29. März vielleicht? Pro Jahr eine Wiedergeburt als Frühlingstag: nachschauen, wie's läuft auf der Welt, wer jetzt in meiner Wohnung lebt, was meine Enkel tun. Ob es das Café zwei Straßen weiter noch gibt, in dem ich jeden Morgen frühstückte.

Und den Rest des Jahres wieder meiner Wege gehen, in der Ewigkeit.

Vielleicht tut es gut, so ein Spiel immer mal wieder zu spielen, mit sich selbst und mit anderen. Den nichternsten Blick zu üben.

Natürlich ist – darüber schrieb schon Seneca – die Heiterkeit eine Variation der Gelassenheit, vielleicht handelt es sich sogar um dasselbe. Und was Gelassensein bedeutet, das lässt sich dann doch in zentralen Lehren der stoischen Philosophie zusammenfassen, wie Epiktet sie formulierte.

Die eine ist:

Verlange nicht, daß alles so kommt, wie du es willst. Begnüge dich mit dem, was geschieht, und dein Leben wird glücklich sein.

Oder um es mit meinem geliebten und lange verstorbenen Patenonkel zu sagen, der sich viele Jahre zusammen mit seiner Frau der Pflege von deren Mutter widmen musste (mit der lebte er unter einem Dach, obwohl er ihr – sagen wir es in gebotener Zartheit – nicht von Herzen zugetan war):

»Was willste machen? Totschlagen kannste sie ja nicht.«

Wenn du etwas ändern kannst, dann ändere es, so lautet die Lehre der Stoiker. Am besten, du tust es sofort. Aber wenn du etwas nicht ändern kannst, dann nimm es hin. Beklage es nicht, jammere nicht darüber, *nimm es hin*! Das Hinnehmen gehört zum Leben.

Hilft ja, wie gesagt, nichts.

Die andere lautet:

Nicht die Dinge selbst beunruhigen die Menschen, sondern die Vorstellung von den Dingen. So ist etwa der Tod nichts Schreckliches – sonst hätte er auch Sokrates derart erscheinen müssen –, erst die Vorstellung, er sei etwas Schreckliches, das ist das Furchterregende. Geraten wir daher in Schwierigkeiten, in Unruhe und Sorge, so werden wir die Ursachen nie bei anderen suchen, sondern bei uns, in unseren Vorstellungen.

Es folgen die schönen Sätze:

> *Der Ungebildete klagt andere seiner Leiden wegen an, der Anfänger in der Philosophie sich selber. Der Wissende aber tut weder das eine noch das andere.*

Wer sich auf das wirft, was er beeinflussen kann, wird ein tätiges Leben führen, aber den Frust, dass vieles in unserem Leben nicht so ist, wie wir es gerne hätten, wird er vermeiden. Er wird sich seines eigenen Lebens bemächtigen, weil er selbst bestimmt, wie viel Gewicht er den Dingen beilegt. Er wird aktiv sein, aber auch gelassen, weil er weiß: Mehr geht nun mal nicht. Weil er seine Grenzen kennt. Weil er sich nicht überfordert. Weil er sich keine Illusionen macht und vom Leben nichts erwartet, das es ihm nicht geben kann oder wird. Weil er nachsichtig ist, anderen gegenüber und auch sich selbst. Weil er das Verstehen wichtig findet und das Verachten nicht.

Weil er sich eher im Lächeln übt als im Lachen.

So gesehen bedeutet ein heiterer Mensch zu sein: sich freizumachen von Erwartungen, vom Übermaß, von Selbstüberforderungen. Es bedeutet nicht, das Schwere zu ignorieren, sondern es in etwas Leichtes zu verwandeln. Es jedenfalls zu versuchen.

Es bedeutet eine tägliche Arbeit an sich selbst, eine

immerwährende Aufmerksamkeit für die Art, wie man der Welt gegenübertritt, den Versuch einer geduldigen Selbsterziehung.

26

Ich erinnere mich, dass ich eines Tages zu einem Therapeuten ging, den ich seit Jahrzehnten kenne. Ich fragte ihn: Und nun? Ich muss hier einen Artikel über die Heiterkeit schreiben, und dann gehe ich bitte schön die Treppe hinauf ins Büro *und mir fällt vor lauter Stress das Thema nicht mehr ein*? Ist dies das Ergebnis meiner Mühen, der vielen Stunden hier? Warum bin ich kein heiterer Mensch geworden? Warum sind meine Tage nicht unbeschwert? Warum kann ich nicht einfach an jedem einzelnen von ihnen heiteren Sinnes in mein Arbeitszimmer gehen und schreiben?

Und er sagte: *Sie sind nun mal so.*

Das fand ich seltsamerweise eine tröstliche Erkenntnis: dass man am Ende nicht einfach frei ist von allen Ängsten, Befürchtungen und Widrigkeiten, dass man die Lebensgeschichte nicht abstreifen kann, wie Schlangen alte Häute ablegen oder ein Hirsch sein Vorjahresgeweih. Man kann sich selbst ändern – aber nicht ganz. Manches muss man akzeptieren. Man wird kein anderer Mensch, auch kein heiterer.

Es hat deshalb wenig Sinn, sein Leben im Neid auf

Menschen zu verbringen, denen der große allmächtige WER-AUCH-IMMER ein heiteres Naturell in die Wiege gelegt hat.

Mit meinem Wunsch, ein heiterer Mensch zu sein, ist es vielleicht wie mit der unsere ganze Gesellschaft durchziehenden Glückssucht, gespeist von immer neuen Werbefilmen, von immer anderen Ratgebern, von noch wieder besseren Tipps. Und weil man sieht, dass man dieses Glück nie erwischen wird, ist man, wie gesagt, immer nur noch unglücklicher, versucht es auf neuen Wegen, mit neuen Methoden, Geräten, Kursen und so weiter, immer vergeblich, aber stets das System, in dem an dieser Glückssuche verdient wird, neu fütternd und finanzierend.

Mit der Heiterkeit wäre es ebenso. Der unerfüllbare Wunsch, ein durch und durch heiteres Wesen zu sein (wie es manchen in dieser Hinsicht beneidenswerten Menschen gegeben ist), muss einen unheiter stimmen, weil man sieht: Es geht nicht, so komplett und ganz und gar.

Ein bisschen aber schon.

Was mir gefällt: gesehen zu haben, dass so viele Menschen über Hunderte und Tausende von Jahren das Gleiche gesucht haben wie ich und wir jetzt. Dass wir auf eine große Gemeinschaft blicken, die sich mit dem Besten im Menschen beschäftigt hat und mit immer wiederkehrenden Fragen.

Lange Zeit habe ich gedacht, dass die in meinem Leben seit eh und je vorhandene Angst ein Motor sei, dass sie mich vorantreibe, mich aus der Bequemlichkeit geholt habe, und sei es als eine Art Peitsche.

Das war falsch.

Was mich weiterbrachte, war die Sehnsucht nach Heiterkeit.

Ich schreibe *auch*, weil ich Angst davor habe, kein Geld zu haben, meine Familie nicht ernähren zu können, keine Anerkennung zu finden, keinen Platz in der Gesellschaft zu haben.

Aber es ist nicht das Entscheidende.

Ich schreibe, *weil ich es kann,* im Rahmen meiner Möglichkeiten. Und ich schreibe so, *wie ich es kann,* aus dem Gefühl heraus, dass es mir durch meine beschränkten Mittel manchmal gelingt, Heiterkeit in mein Leben zu bringen, das sonst vielleicht unheiter wäre. Weil ich nämlich, wenn ich an irgendeinem Tisch sitze und arbeite, wenn ich also mit meinen Dingen beschäftigt bin, jede Angst verliere, mich meinen Fähigkeiten und meinem Interesse an der Welt überlasse.

Schreiben heißt für mich, das Erstarrte in Bewegung zu bringen, das Schwere in die Luft zu heben und es einfach dort schweben zu lassen, das Lustige im unerklärlich Tristen zu finden und am Ende eines schummrigen Tunnels plötzlich ins Licht zu treten.

Es heißt für mich, Distanz zum eigenen Leben zu finden, die man auch mit allen anderen möglichen Mitteln suchen kann: der Meditation, dem Spaziergang, dem Lesen, der Musik, der Kunst, der Philosophie, der Natur, dem Sport.

Schreiben bedeutet für mich: Ich spiele mein Blatt. Ich habe kein anderes. Also muss ich es nutzen.

So in etwa.

Klappt ja nicht immer.

Aber es gibt eben diese Sehnsucht, *dass es klappen soll,* und das Wissen, *dass es doch so oft schon geklappt hat*, und das Gefühl, *wenn es geklappt hat.*

Wie hieß diese Sendung mit Robert Lembke noch mal?

Was bin ich?

Die Antwort ist:

Ich bin nun mal so. Wir alle sind nun mal so.

Wir kommen zu meiner großen Anfangsfrage zurück: Wie kann man es schaffen, nicht nur im Geschriebenen heiter zu sein, sondern auch im wirklichen Leben? Was hätte Molière geholfen, auch im Alltag *Molière* zu sein, nicht nur in seinen Stücken? Wie hätte ich es anstellen können, jenen Elternabend heiter zu bewältigen, ohne ihn mit einem Arschloch-Ruf zu verlassen? Wie kann ich im Leben die Distanz zu genau diesem Leben finden, die mir hilft, ein heiterer Mensch zu sein? Wie kann es uns allen überhaupt gelingen, das eigene Dasein nicht nur mit Fremdheiterkeit aus Büchern, Filmen, Musik aufzuladen, sondern Leichtigkeit aus uns selbst zu schöpfen?

Und die Antworten sind: Wir müssen nicht immer lachen, genau das ist es nicht. Aber wir könnten lächeln, könnten uns in alltäglicher Freundlichkeit üben, könnten anderen zuhören, weil wir selbst hoffen, dass *uns* zugehört wird. Wir könnten all das, von dem wir möchten, dass es in der eigenen Welt ist, *erst mal* in die Welt der anderen tragen. Trost spenden, die Untröstlichkeit akzeptieren. Die Möglichkeiten sehen, die freien Räume. Wir könnten absichtslos über Wiesen gehen, Regenwürmer anschauen und Bäche, die mit Tennisbällen spielen. Unser Leben durchheitern. An die Lebenslust des Brandner Kaspar denken, die Wurschtigkeit Graham Chapmans.

Der Mühsal von der Schippe springen, nicht nur dem Tod. Das Leben als das sehen, was es eben auch ist: ein Spiel. Durch die Stockwerke des Lebens gehen, wie Michael Ende es empfohlen hat, und die Wirklichkeit aus anderen Perspektiven betrachten.

Schwierige Zeiten?

Ja. Natürlich. War immer so. Wird nicht anders werden. Sie werden nicht einfacher, die Zeiten, wenn wir unsere Möglichkeiten vergessen.

Wie hat Sempé gesagt? Er habe eine grenzenlose Bewunderung für den Menschen, der es immer wieder schafft, großartige Dinge zu tun. Immer wieder entdeckt er etwas.

Vielleicht ist *das* etwas Großartiges, vielleicht kann man *das* entdecken?

Das Lächeln, das Freundlichsein, das Bewundern. Das Hinnehmen der Dinge. Den Abstand, die Distanz. Die Verwandlung. Die komische Art, ernst zu sein. Die atmende Leere zu nutzen. Die Lücken in den Zäunen um uns herum zu sehen. Sich selbst zu vergessen. Die Beweglichkeit zu pflegen. Die Leichtigkeit. Milde, Güte, Gleichmut.

Und hier ist noch eine Antwort auf diese Frage, wie man es anstellt, ein heiterer Mensch zu sein.

Sie lautet: Vergiss genau diese Frage! Oder wenn du das nicht kannst oder willst, dann glaube nicht, dass irgendjemand anders dir darauf eine Antwort geben wird als du selbst. Erwarte kein Rezept, keine Pillen, keine Heiterkeitstherapie. Hoffe nicht auf andere. Sondern schau dir selbst das Leben an und beobachte, was es mit dir gemacht hat und weiter macht und was du mit ihm machen willst.

Was tut dir gut? Was hat dich heiter gestimmt?

Und folge dem, immer.

27

Das Buch ist fertig.

Ich gehe abends die vier Treppen aus meinem Büro hinunter. Keine Ahnung, was mit dem Buch ist, ob es schlecht ist oder gut oder mittel, ich weiß es nicht.

Aber wissen Sie was?

Ich habe für mich beschlossen, es zu mögen, das Buch. Es wird mich immer erinnern an eine Zeit, in der ich den Kopf oben behalten musste, in der ich nachgedacht habe über das Leben und über dieses eine Wort und darüber, was dieses Wort mit meinem Leben zu tun hat.

Und nun gehe ich spazieren. Ich gehe Angstwurm besuchen, *mon général,* und die anderen Toten auf dem Friedhof und die Eichhörnchen dort, die Regenwürmer, die Falter und die bunten Blumen auch.

Schlussbemerkung

Zuletzt möchte ich meines Freundes Ludger Schulze gedenken, der schon in den Gebieten der ewigen Heiterkeit weilt. Ich verdanke ihm viel, auch was dieses Buch angeht, das erste seit vielen Jahren, dessen Manuskript er nicht vor Abgabe gelesen hat. Du fehlst mir, alter Junge, weiß Gott nicht nur deswegen. (Und ja, sie hießen nicht Karin, die drei – die, wenn man es genau nimmt, am Schluss vier waren. Aber ihr richtiger Name tut jetzt auch nichts mehr zur Sache.)

Mein heiterer Freund Andreas Lebert brachte mich auf die Idee zu dieser Arbeit. Stefan Postpischil danke ich für wichtige Anregungen und Gedanken, auch für das Gefühl, auf dem richtigen Weg zu sein. Und meiner Frau Ursula Mauder verdanke ich … wie soll ich sagen? Alles.

Dieses Buch ist das erste, das in Zusammenarbeit mit meiner Verlegerin Sabine Cramer und mit Marcel Hartges, meinem Agenten, entstand. Weitere werden folgen. Ich freue mich darauf, denn es war wunderbar; danke, danke.

Literatur

Einige der hier benutzten Werke werden im Text mit ihren Titeln zitiert. Hier führe ich darüber hinaus eine Auswahl der Literatur an, die für meine Arbeit von Bedeutung war und es für jede weiterführende Beschäftigung sein könnte.

Bachmaier, Helmut *Texte zur Theorie der Komik* Reclam 2005

Bakewell, Sarah *Wie soll ich leben?* C. H. Beck 2012

Bremmer, Jan, und Roodenburg, Herman (Hrsg.) *Kulturgeschichte des Humors* Primus 1999

Ende, Michael *Michael Endes Zettelkasten. Skizzen & Notizen* Weitbrecht 1994

Geier, Manfred *Worüber kluge Menschen lachen* Rowohlt 2006

Genazino, Wilhelm *Der gedehnte Blick* dtv 2007

Greve, Swantje *Werner Finck und die »Katakombe«* Hentrich und Hentrich 2015

Kiedaisch, Petra *Ist die Kunst noch heiter*? Niemeyer 1996

Kiedaisch, Petra, und Bär, Jochen A. (beide Hrsg.) *Heiterkeit, Konzepte in Literatur und Geistesgeschichte* Wilhelm Fink 1997
Lebert, Andreas und Stephan *Der Ernst des Lebens* S. Fischer 2009
Le Goff, Jacques *Das Lachen im Mittelalter* Klett-Cotta 2004
Pfaller, Robert *Kurze Sätze über gutes Leben* Fischer 2015
Pfaller, Robert *Wofür es sich zu leben lohnt* Fischer 2012
Plutarch *Die Kunst zu leben* Insel 2000
Preisendanz, Wolfgang *Über den Witz* Universitätsverlag Konstanz 1970
Preisendanz, Wolfgang *Humor als dichterische Einbildungskraft* Eidos 1963
Preisendanz, Wolfgang (mit Rainer Warning als Herausgeber) *Das Komische* Wilhelm Fink 1976
Radkau, Joachim *Geschichte der Zukunft. Prognosen, Visionen, Irrungen in Deutschland von 1945 bis heute* Hanser 2017
Reybrouck, David Van *Oden* Insel 2019
Röhrich, Lutz *Der Witz* dtv 1980
Schmid, Wilhelm *Gelassenheit* Insel 2014
Schöttker, Detlev (Hrsg.) *Philosophie der Freude* Reclam Leipzig 2003
Sempé, Jean-Jacques *Kindheiten* Diogenes 2012

Sempé, Jean-Jacques *Endlich Ferien* Diogenes 2022
Seneca *De brevitate vitae – Die Kürze des Lebens* dtv 1976
Seneca *Von der Seelenruhe / Vom glücklichen Leben* Anaconda 2010
Weinrich, Harald *Kleine Literaturgeschichte der Heiterkeit* C. H. Beck 2001
Weinrich, Harald *Literatur für Leser* dtv 1986

In regelmäßigen Abständen (einmal im Monat) melde ich mich bei allen Leserinnen und Lesern, die daran Interesse haben, mit meinem Newsletter *Brief aus dem Büro*: Notizen, Reflexionen, Erwägungen, Grübeleien und was es sonst noch Lustiges aus dem Arbeitszimmer eines Schriftstellers mitzuteilen gibt, dazu auch Informationen über neue Bücher, Lesungen, Kolumnen, Artikel. Auf www.axelhacke.de können Sie den *Brief aus dem Büro* kostenlos abonnieren. Tragen Sie sich ein, um auf dem Laufenden zu bleiben!

Ihr Axel Hacke